イラストとゴロで覚える韓国語

こんぶパン
著・イラスト

KADOKAWA

はじめに

머리말 ［モリマル］

※発音するときは、「コンブッパン」と「こんぶ」と「パン」の間を弾ませると自然です。

はじめまして。こんぶパンと申します。

頭に「こんぶ」が生えた「パン」で、こんぶパンです。

「こんぶ」は韓国語で「勉強」、「パン」は「部屋」という意味。合わせて「勉強部屋（공부방）」です！

こんぶパンは、日本人。韓国在住、韓国人の夫と４歳になる日韓バイリンガルの息子、１歳の娘がいます。

昔から、ゴロを作ることが大好きで、ゴロゴロしているときも頭の中はゴロだらけ。

自らの勉強法をゴロ勉(べん)と称し、大学受験もゴロ勉で挑み、行けなかったはずの大学に合格することができました。

その大学で韓国に交換留学し、そこでもゴロで韓国語をマスターしました。留学先の大学では、韓国語の授業があったわけでも、語学教室に通ったわけでもなかったのですが、３か月後に会話のレベルテストで上級判定をもらいました。

まさに、ゴロさまさま、ゴロバンザイです！

本書は、そんな私が作った韓国語単語をご紹介しています。

これから韓国語を始めたいと思っている方も、もっと韓国語を深く勉強したいと思っている方にも、新しい発見があるよう、「覚える」よりも「使える」を優先に単語を厳選しました。

この本をきっかけに、みなさんが韓国語を身近に感じ、「もっと知りたい！」と思っていただけると幸いです。

それでは、みなさん、一緒に韓国語をはじめましょう～！

こんぶパンのゴロについて

記憶に残すためのストーリー仕立てのゴロ

こんぶパンのゴロは、言葉と言葉のゴロ合わせだけで作ったものではありません。必ず、理由があります。

たとえば、とっても有名な英語のゴロにこんなものがありますね。
「掘った芋いじるな＝ What time is it now?」

覚えられるとは思いますが、どうして「掘った芋をいじること」が「時間を確認すること」になるのか、意味とゴロがリンクしていないので、私的にはちょっとモヤモヤ。

このモヤモヤを改善するために作ったゴロがこちら。

「また会いましょう＝또 만나요（ト マンナヨ）」（P.239、単語番号440。単語には番号が振ってあります。以下番号でお伝えします）です。「名残り惜しいけど、また会いましょう。振り返らずに止まんなよ！」と覚えます。

こんな感じで、こんぶパンのゴロには必ず、「記憶に残す」ためのストーリーがあります。

主に3つのアプローチで構成されています

こんぶパンのゴロにはいくつか種類があります。

1つ目は、発音メインのゴロ。

本書にはこのタイプのゴロがいちばん多く登場します。

ちょっと苦しいゴロもありますが、長いフレーズを何となくでも思い出せる・何だかそんな風に聞こえるというのがこのゴロの魅力です。

例えば、「ごちそうさまでした＝잘 먹었어요：チャル モゴッソヨ」(179)。

いろいろな航空会社の機内食を食べ比べ、「ごちそうさまでした！　JALもごちそうよ！」と覚えます。実際、JALの機内食はおいしいですし、元気よく「ごちそうさまでした！」といいたくなりますよね。

中には辞書に載っていない形で単語を覚えるゴロもあります。

例えば「洗う」＝「씻어(シソ)」(027)。

辞書に載っている基本形は「씻다（シッタ)」です。「洗いながら叱咤する」など、がんばればゴロは作れるのですが、意味と単語がリンクしていません。そこでパンマル文体（親しい間柄で使

用するタメロで、直訳すると「洗うよー」という感じでしょうか？）の「シソ」に変化させ、「しそをよく洗う」としました。みなさんも、しそを買ったら洗いますよね？　この実際に体験した経験が記憶に残る助けをしてくれるのです。

辞書に載っている基本形単語は、「こんぶ POINT」に記載しています。まずは、韓国語と日本語を結び付け、そこから基本形を覚えていくためのゴロです。

2つ目は、つづりを覚えるためのゴロ。

例えば、「マッコリ＝막걸리（マㇰ(ッ)コㇽリ）」を覚えるゴロ、「マッコリに凝る」(442)。

韓国でマッコリはそのままでも通じますが、じつはコとリの間にㄹパッチム（P.275ページ参照）が入っています。

発音でいえば、マッコルリというよりマッコリといった方が自然かもしれませんが、ハングルでどう書くのか覚えておくために作ったゴロです。

3つ目は、つづり通りの方が覚えやすいゴロです。

「肌寒い」は「쌀쌀하다（サㇽサラダ）」(374）といいます。そ

れをそのままゴロにすると、こんな感じ。

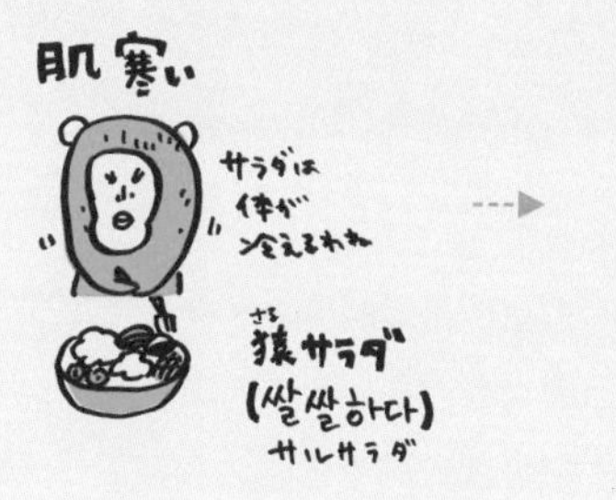

ちょっと覚えにくいですよね……。そこで、考えたのがこちら。

発音通り「サルサラダ」でゴロを作ると覚えにくいので、つづりメインの「サルサルハダ」で作っています。

詳しくは、「こんぶ POINT」に補足してあるので、活用してくださいね。

また、韓国語だけでなく、韓国人や韓国文化についても一緒に勉強できるようなゴロもあります。併せて、韓国文化もゴロから感じてもらえると嬉しいです。

●「記憶に残る」を第一優先に！

こんぶパンのゴロは、「記憶ファースト」。韓国語と日本語がうまくつながることを第一優先に作っているので、まずはそれをきっかけに単語を覚え、そのあと正しいつづりや発音を覚えていってください。

正確な発音は、ダウンロードできるので、そちらも活用してください（詳しくは P.12 へ）。

本書の構成と効率的な使い方

それでは、次に詳しいページの構成をご紹介します。

500の単語は、和訳の五十音順に並べています。あらゆるジャンルの単語に触れていただきたいと思い、名詞や動詞、あいさつ、数の数え方、便利なフレーズなどさまざまなジャンルの単語が代わる代わる登場する仕組みです。

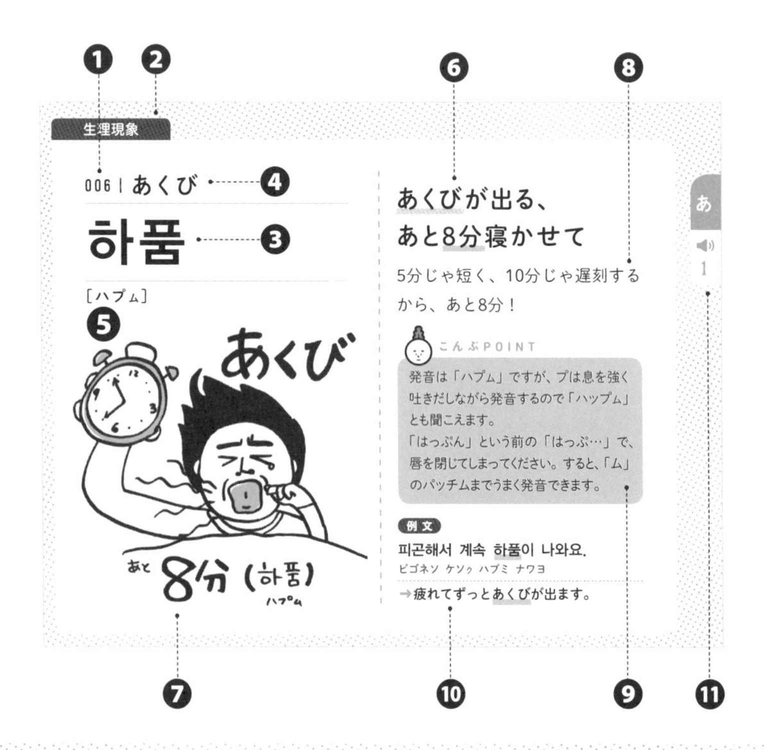

❶ 単語番号…単語に番号を振りました。関連単語（明後日と明日）などを説明するときに、単語番号も併記しています。
❷ ジャンル…どんなシーンで使える単語なのかをざっくりと分けています。
❸ 単語…覚える単語です。さまざまなジャンルから500語厳選しています。
❹ 意味…覚える単語の和訳です。まずはここを見て、何を覚えるのかを意識してください。
❺ 発音…覚えやすいようカタカナ読みにしたものです。あくまでも目安なので、正しい発音は、音声を聞いて覚えましょう。
❻ ゴロ…リズムに乗せて、韓国語と日本語を覚えてください。
❼ イラスト…ゴロが頭に入るようイメージを描きました。
❽ 説明…ゴロの内容を説明しています。
❾ こんぶPOINT…基本形や、発音、韓国での使われ方などを説明しています。
❿ 例文と和訳…簡単な使い方です。こちらも音声を聞いて、発音してみてください。
⓫ 音声のトラック番号です。

この本を読み進めるときのポイントは2つです。

1. 何を覚えるのか意識する。
2. 日本語（❹）→ゴロ（❻）→韓国語（❸）の順番で覚える。

このポイントを踏まえ、最後まで読み進めてください！

※発音表記やゴロ、単語の意味、例文の和訳は、通じやすさ、覚えやすさを重視しています。そのため一般の表記とは異なる場合があります。
※例文はゴロ合わせを優先させた形で作っています。

もくじ

목차 ［モㇰチャ］

はじめに……002

こんぶパンのゴロについて……004

本書の構成と効率的な使い方……008

音声ダウンロード方法……012

イラストとゴロで覚える
韓国語単語500……013

あ行……014

か行……062

さ行……112

た行……146

な行……180

は行……198

ま行……236

や行……253

ら行……260

わ行……265

Staff ブックデザイン／山田知子（チコルズ）
校正／HANA
DTP／ニッタプリントサービス
音声収録／ELEC
ナレーター／イム チュヒ、水月優希
編集協力／水島郁

COLUMN 簡単なハングルでの検索方法 …… 061
COLUMN SNSでの略語や顔文字 …… 145
COLUMN 韓国人もパッチムが苦手？ …… 179
COLUMN 家族でもフルネームで呼ぶ …… 235
COLUMN 「おばあさん」も「おばさん」も同じ!? …… 259
COLUMN 韓国語にもゴロ合わせがある …… 271

イラストとゴロで覚える
基本のハングル …… 273

ハングルとは？ …… 274
ハングルの組み合わせ …… 275
基本の母音 …… 276
基本の子音 …… 279
ハングル一覧表 …… 282

まとめ この本を使って会話をしてみましょう …… 284
おわりに …… 286

音声ダウンロード方法

この本で取り上げた単語と例文を、日本語と韓国語で聞くことができます。記載されている注意事項をよくお読みになり、ダウンロードページへお進みください。

https://www.kadokawa.co.jp/product/321811001181/
ユーザー名 konbupan　パスワード goroben

上記のURLへパソコンからアクセスいただくと、mp3形式の音声データをダウンロードできます。「ダウンロードはこちら」という一文をクリックして、ユーザー名とパスワードをご入力のうえ、ダウンロードし、ご利用ください。

注意事項

- ダウンロードはパソコンからのみとなります。携帯電話・スマートフォンからはダウンロードできません。
- 音声はmp3形式で保存されています。お聞きいただくにはmp3ファイルを再生できる環境が必要です。
- ダウンロードページへのアクセスがうまくいかない場合は、お使いのブラウザが最新であるかどうかご確認ください。また、ダウンロードする前にパソコンに十分な空き容量があることをご確認ください。
- フォルダは圧縮されていますので、解凍したうえでご利用ください。
- 音声はパソコンでの再生を推奨します。一部ポータブルプレイヤーにデータを転送できない場合もございます。
- なお、本サービスは予告なく終了する場合がございます。あらかじめご了承ください。

ストリーミング再生で音声を聞くには

パソコン、スマートフォンなどから右記URLまたは、QRコードにアクセスし、上記と同じユーザー名とパスワードをご入力のうえ、音声を再生してください。

- 音声をお聞きいただく際の通信費はお客様のご負担となります。
- 動画アプリをインストールしている場合は、アプリが立ち上がることがあります。
- なお、本サービスは予告なく終了する場合がございます。あらかじめご了承ください。

https://additional.kadokawa.co.jp/konbupan/

イラストとゴロで覚える

韓国語単語 500

みなさんが、韓国語単語を楽しく覚えるための
きっかけになるような言葉を500語選出しました。
それぞれの単語+派生単語も含めると
たくさんの言葉に出合えると思います。
それでは、スタートです！

音声は TRACK 1

あ行

恋愛

001 | 愛

사랑

［サラン］

愛は去らん

愛は常にそこにあるものです。去りません！

こんぶPOINT

하다（ハダ）をつけて**사랑하다**（サランハダ）で「愛する」になります。
사랑해요（サランヘヨ）は直訳すれば「愛します」になりますが、つまりは「愛してる」という意味になります。

例文

사랑은 상대를 생각하는 마음이에요.
サランウン サンデルㇽ センガカヌン マウミエヨ

→愛は相手を思う心です。

002 | 間（あいだ）

사이

［サイ］

間にサイがいる

韓国には物や時間、人の間、どこにでもサイがいます。韓国語で「間」は**사이**（サイ）だからです。発音も簡単でよく使う単語なので、覚えておくと役に立ちますよ！

こんぶPOINT

発音は日本語の動物のサイと同じです。そのまま「サイ」で通じます！

例文

너랑 나 사이에 비밀은 없어.
ノラン ナ サイエ ピミルン オプソ

→君と僕の間に秘密はない。

003 | あいづち

맞장구

［マッチャング］

まっちゃんのあいづちはグーッド！

友達のまっちゃんが上手にあいづちを打ちます。韓国人のあいづちは、静かに聞くことが相手の話を聞いていると受け取られるので、日本人と打つタイミングが少し違います。

こんぶPOINT

あいづちを打つは**맞장구를 치다**（マッチャングルル チダ）です。

例文

상대방이 맞장구를 쳤어요.
サンデバンイ マッチャングルル チョッソヨ

→相手があいづちを打ちました。

004 | 垢(あか)

때

［テ］

垢すりは「って(痛)」

韓国で初めて垢すりをすると、「って（痛）」と思わず声が出てしまいます。ッテッテッテ！

こんぶPOINT

発音は痛そうに、声を絞り出しながら「って」というとネイティブ風です。
カタカナの読みは「テ」になっていますが、実際には「ッテ」と小さな「ッ」が入ったような発音です。
垢すりは**때밀이**（テミリ）です。

例文

아빠랑 목욕탕에 때를 밀러 가요.
アッパラン モギョㇰタンエ テルㇽ ミㇽロ カヨ
→お父さんと銭湯に垢をすりに行きます。

005 | 秋

가을

［カウㇽ］

秋は蚊(か)売(う)る

韓国では秋でも売りたくなるほど蚊が多いのです。

こんぶPOINT

春（385）、夏（333）、秋、冬（420）でゴロがストーリーになっているので、春、夏、冬も一緒に覚えてみてください。
冬は**겨울**（キョウㇽ）です。秋も冬も「ウル」がつきますが、秋は**을**（ウㇽ）、冬は**울**（ウㇽ）とハングルが違うので、注意してください。

例文

가을 단풍이 아름다워요.
カウㇽ タンプンイ アルㇺダウォヨ
→秋の紅葉が美しいです。

006 | あくび

하품

［ハプム］

あくびが出る、あと8分寝かせて

5分じゃ短く、10分じゃ遅刻するから、あと8分！

こんぶPOINT

発音は「ハプム」ですが、プは息を強く吐きだしながら発音するので「ハップム」とも聞こえます。
「はっぷん」という前の「はっぷ…」で、唇を閉じてしまってください。すると、「ム」のパッチムまでうまく発音できます。

例文

피곤해서 계속 하품이 나와요.
ピゴネソ ケソク ハプミ ナワヨ

→疲れてずっとあくびが出ます。

007 | 朝

아침

［アチム］

朝はチン！

朝って忙しいです。料理する時間もなく、レンジでチンすることも多いですよね。ちなみに、**아침**（アチム）だけで朝ご飯という意味にもなります。

こんぶPOINT

正確な発音は「アチム」で「アチ」といった後に唇を閉じると「ム」のパッチムまでうまくできます。

例文

아침 먹었어?
アチム モゴッソ

→朝ご飯食べた？

008 | 明後日（あさって）

내일모레

［ネイルモレ］

明後日はネイル盛れ！

明日（010）はネイルですが、そのネイルが気に入らなかったので、次の日の明後日にジェルネイルをして盛ってもらいましょう！

こんぶPOINT

모레（モレ）だけでも明後日という意味ですが、**내일모레**（ネイルモレ）というと、より相手が聞き取りやすくなります。

例文

내일모레까지 다 일을 끝내야 해요.
ネイルモレッカジ タ イルル クンネヤ ヘヨ

→明後日までに仕事を全て終わらせなければなりません。

009 | 味がしない

맹맛이다

［メンマシダ］

味がしないのは麺増しだから

日本のラーメンは韓国でも人気で、麺の替え玉（追加）もあります。たくさん替え玉して麺増しにしたら、スープに届かなくて味がしない〜！

こんぶPOINT

辞書には載っていませんが、よく使う表現です。

例文

국물이 너무 싱거워 맹맛이다.
クンムリ ノム シンゴウォ メンマシダ

→汁がとても薄くて味がしない。

010 | 明日(あした)

내일

［ネイル］

明日のネイルを予約

明日は気分転換にネイルでもしようかな？　とネイルサロンの予約をしています。

こんぶPOINT

実際には「ル」はパッチムなので、「ネイル」とはっきり発音しません。「ネイ」といった後に口の中の天井部分に舌を当てて終わりです。

例文

내일 시간 있어?
ネイル シガン イッソ

→明日、時間ある？

011 | 遊び

놀이

［ノリ］

遊びはノリノリで

遊びは何でもノリノリですると楽しいですよね。韓国人は遊びでも何でも全力で、ノリがいい人が多いです。

こんぶPOINT

「○○ごっこ」というときにも使えます。たとえば、病院=**병원**（ピョンウォン）を頭につけて**병원놀이**（ピョンウォンノリ）といえば「病院ごっこ」になります。

例文

제기차기는 한국의 전통 놀이입니다.
チェギチャギヌン ハングゲ チョントン ノリイムニダ

→羽根蹴りは韓国の伝統的な遊びです。

場所

012 | 遊び場

놀이터

［ノリト］

遊び場で乗りたい！

遊び場には、乗って遊ぶ遊具がたくさん。ここでの「遊び場」は、ブランコや滑り台などがある公園のことです。直訳では「遊び場」ですが、「公園」と訳した方が自然な場合が多いです。

こんぶPOINT

터（ト）の発音は「タとトの間くらいの音」のため「タ」にも聞こえます。

例文

놀이터에서 미끄럼틀을 타요.
ノリトエソ ミックロㇺトゥルㇽ タヨ
→遊び場で滑り台を滑ります。

日常生活

013 | 遊ぶ

놀아

［ノラ］

遊ぶのはいつも野良

遊びたくても遊ぶ人がいないときってあります。でも、野良ならいつでも相手をしてくれるかも⁉

こんぶPOINT

基本形は**놀다**（ノルダ）です。
요（ヨ）をつけて、**놀아요**（ノラヨ）というと「遊びます」「遊びましょう」という意味になります。誰かを遊びに誘うときは**같이 놀아요**（カチ ノラヨ）「一緒に遊びましょう」といいます。

例文

내일은 오랜만에 친구랑 놀아.
ネイルン オレンマネ チングラン ノラ
→明日は久しぶりに友達と遊ぶ。

014 | 頭

머리

[モリ]

頭が森みたい

頭がふさふさで森みたいです。

こんぶPOINT

머리（モリ）は「頭」以外にも、「髪」という意味もあります。そのため、**머리를 자르다**（モリルル チャルダ）は「頭を切る」ですが、「髪を切る」という意味になります。

例文

머리가 지끈지끈 아파요.
モリガ チックンジックン アパヨ

→頭がズキズキ痛いです。

015 | 合っているでしょう？

맞죠?

[マッチョ]

マッチョで合っているでしょう？

マッチョと聞かれたと思い、服を脱いでいます。マッチョというのは「合っているでしょう？」という意味なのでお間違いなく。

こんぶPOINT

맞다（マッタ）が「合う」という意味です。それに「～でしょう?」という意味の**죠**（チョ）がついています。

例文

한국 사람 맞죠?
ハングㇰ サラㇺ マッチョ

→韓国人ですよね？
（韓国人で合っているでしょう？）

016 | 穴

구멍

[クモン]

穴で苦悶

人生は山あり谷あり、穴あり。穴で苦悶しています。

こんぶPOINT

鼻の穴は**콧구멍**（コックモン）、耳の穴は**귓구멍**（クィックモン）です。
「穴が開く」は**구멍이 나다**（クモンイ ナダ）といいます。

例文

가방에 구멍이 났어요.
カバンエ クモンイ ナッソヨ

→カバンに穴が開きました。

017 | あなた

여보

[ヨボ]

あなたと呼ぶ、ヨボヨボになるまで

年を取ってヨボヨボになっても、仲良く呼び合いたいですね。

こんぶPOINT

夫婦間で呼び合う愛称です。「あなた」「おい」「ねえ」など呼びかけるための言葉です。

例文

여보 사랑해요.
ヨボ サランヘヨ

→あなた、愛してるわ。

018 | あなた

당신

［タンシン］

あなたは単身赴任

単身赴任のあなたを元気に見送ってあげましょう。

こんぶPOINT

「あなたが買ってきて」「あなたはどう思うの?」など、夫婦間で「あなた」を指すときに使います。喧嘩をする相手にも使います。親しい人以外には、あまり使わないほうがいい言葉です。

例文

당신보다 더 사랑하는 사람은 없어.
タンシンボダ ト サランハヌン サラムン オプソ

→あなたより（もっと）愛する人はいない。

019 | 油揚げ

유부

［ユブ］

油揚げは油分が多い

油揚げは豆腐を揚げたものなので、油分が多いですよね。韓国にも油揚げはありますが、限られたメニューでしか使われません。

こんぶPOINT

発音は「ユブ」です。漢字では「油腐」なので、漢字から覚えても覚えやすいですね。いなり寿司は**유부초밥**（ユブチョバプ）といいます。

例文

우동에 유부가 많이 들어 있어요.
ウドンエ ユブガ マニ トゥロ イッソヨ

→うどんに油揚げがたくさん入っています。

020 | 甘い

달다

［タルダ］

甘い タルトだ

タルトは生地にクリームにフルーツに、どこからどうやって食べても甘いです。甘いといえばタルトだー！

こんぶPOINT

発音は「タルダ」で、「ル」はパッチムです。「タ」といった後に、口の中の天井部分に舌をくっつけます。その後で「ダ」といえば「タルダ」になります。

例文

사탕은 달다.
サタンウン タルダ

→飴は甘い。

021 | 甘い（020 달다の方言）

달달하다

［タルダラダ］

甘いものは ダルダルなときに

韓国人が仕事中に「ダルダル」いっていたら、それは仕事がだるいという意味ではありません。甘いものがほしいのかも。

こんぶPOINT

달달（タルダル）に**하다**（ハダ）をつけて**달달하다**（タルダラダ）で使います。よく使う言葉ですが標準語ではありません。

例文

시럽을 넣은 커피가 달달하다.
シロプル ノウン コピガ タルダラダ

→シロップを入れたコーヒーが甘い。

自然

022 | 雨

비

［ピ］

雨は微雨（びう）

韓国は日本に比べて雨があまり降りません。だから微雨です。

こんぶPOINT

カタカナの読みは「ピ」となっていますが、日本語の「ピ」は「血」という意味の**피**（ピ）に聞こえる可能性があります。雨の**비**（ピ）は「ピにもビにも聞こえる音」なので、通じやすさを考えて「ビ」でゴロを作っています。

例文

오늘은 비가 많이 오네요.

オヌルン ピガ マニ オネヨ

→今日は、雨がたくさん降りますね。

自然

023 | 雨の音

빗소리

［ピッソリ］

雨の音を聞きたくてびっしょり

子供の頃、雨の音を聞きたくて、わざと雨の中へ入って行ったことありませんか？　ずっと聞いているとびっしょり濡れちゃいますね。

こんぶPOINT

発音は「びっしょり」ではなく「びっそり」というと自然です。カタカナの読みは「ピッソリ」ですが、「ビッソリ」にも聞こえる音です。

例文

창문을 두드리는 빗소리가 들려요.

チャンムヌル トゥドゥリヌン ピッソリガ トゥルリョヨ

→窓をたたく雨の音が聞こえます。

024 | アメリカ

미국

［ミグㇰ］

アメリカでは「ミー？　グッ！」と英語であいさつ

“How are you?（元気？）”と尋ねられたら、“me？ good！”と答えましょう。

こんぶPOINT

漢字では「美国」と書きます。
発音は「ミグㇰ」で「ク」はパッチムなので、「ミグッ」に近い発音です。

例文

미국에 가 보고 싶어요.
ミグゲ カ ボゴ シポヨ

→アメリカに行ってみたいです。

025 | あやつり人形

꼭두각시

［コㇰトゥガㇰシ］

黒糖菓子でできたあやつり人形

ピノキオが好きな人は別として、この言葉を使う機会はあまりないと思いますが、難しい言葉を覚えているという自信をくれる単語です！

こんぶPOINT

だいたいこんな音と覚えるために使ってください。
発音は「コㇰトゥガㇰシ」です。「ク」は2つともパッチムです。

例文

그는 꼭두각시일 뿐이다.
クヌン コㇰトゥガㇰシイル プニダ

→彼はあやつり人形に過ぎない。

026 | 洗いたい

씻고 싶어

［シッコ シポ］

シッコしっぽを洗いたい

犬がおしっこをしたら、しっぽについて「洗いたい～！」といっています。

こんぶPOINT

実際の発音は「シッコ シッポ」の方が自然です。
丁寧に「洗いたいです」というときは**요**（ヨ）をつけて、「**씻고 싶어요**（シッコ シポヨ）」といいます。

例文

땀이 나서 몸을 씻고 싶어.
タミ ナソ モムル シッコ シポ

→汗が出たので体を洗いたい。

027 | 洗う

씻어

［シソ］

しそをよく洗う

韓国でよく洗うものは「しそ」にとってもよく似たエゴマの葉です。焼肉も刺身もご飯も何でも巻いて食べるので、たくさん洗います。

こんぶPOINT

発音は洗ってばかりで嫌になる！ という感じで「ッシソ」と前に「ッ」を入れると自然です。
基本形は**씻다**（シッタ）です。丁寧にいうときは**씻어요**（シソヨ）といいます。

例文

나는 밥을 먹기 전에 손을 씻어.
ナヌン パブル モッキ チョネ ソヌル シソ

→私は、ご飯を食べる前に手を洗う。

028 | 洗っている（お風呂に入っている）

씻고 있다

［シッコ　イッタ］

洗っている
（お風呂に入っている）

しっこ行った
（씻고 있다）
シッコ　イッタ

お風呂にシッコ行った

直訳すると「洗っている」ですが、「お風呂に入っている」という意味にもなります。

こんぶPOINT

씻고（シッコ）は「洗って」、**있다**（イッタ）は「いる」です。
会話では**씻고 있어**（シッコ イッソ）や**씻고 있어요**（シッコ イッソヨ）といいます。

例文

우리 남편은 지금 씻고 있다.
ウリ ナムピョヌン チグム シッコ イッタ

→私の夫は今洗っている（お風呂に入っている）。

029 | ありがとうございます

고맙습니다

［コマプスムニダ］

ありがとうございます

ゴマすりだけどありがとうございます

ゴマすりの誉め言葉をいってもらったようなので「ありがとうございます」とお礼をいっています。

こんぶPOINT

正確な発音は「コマプスムニダ」です。
감사합니다（カムサハムニダ）が一番スタンダードな感謝の言葉ですが、こちらもよく使います。やや柔らかい印象の言葉です。

例文

도와주셔서 고맙습니다.
トワジュショソ コマプスムニダ

→手伝ってくれてありがとうございます。

日用品

030 | アルミホイル

은박지

［ウンバッチ］

運と博打でアルミホイルを電子レンジに

アルミホイルを電子レンジにかけたらキケン。だけど運にまかせ、博打でレンジに。韓国ではテイクアウトできる食べ物は、アルミホイルにくるまれることが多く、つい……。

こんぶPOINT

ラップは랩（レプ）です。

例文

아줌마가 김밥을 은박지에 싸 줬어요.
アジュムマガ キムパプル ウンバッチエ サ ジュォッソヨ

→おばさんがのり巻きをアルミホイルに包んでくれました。

便利フレーズ

031 | あれこれ

이것저것

［イゴッチョゴッ］

あれこれ、囲碁チョコまで

子供が駄菓子屋であれこれ、「囲碁チョコ」なんてものまでカゴに入れています。

こんぶPOINT

正確な発音は「イゴッチョゴッ」と、小さい「ッ」が入ります。あれこれ選びながら心が弾んでいる感じで発音してください。

例文

한 번 장 보면 이것저것 많이 사요.
ハン ボン チャン ボミョン イゴッチョゴッ マニ サヨ

→一度買い物をすると、あれこれたくさん買います。

032 | いかがですか？

어떠세요？

［オットセヨ］

いかがですか？私、オットセイよ

オットセイが芸を披露して、ひとこと。

こんぶPOINT

発音は「オットセヨ」です。
「どうですか？」は**어때요？**（オッテヨ）です。より丁寧な表現がこの「いかがですか？」です。

例文

오늘 점심은 냉면 어떠세요?
オヌル チョムシムン ネンミョン オットセヨ
→今日のお昼は冷麺いかがですか？

033 | 怒り

화

［ファ］

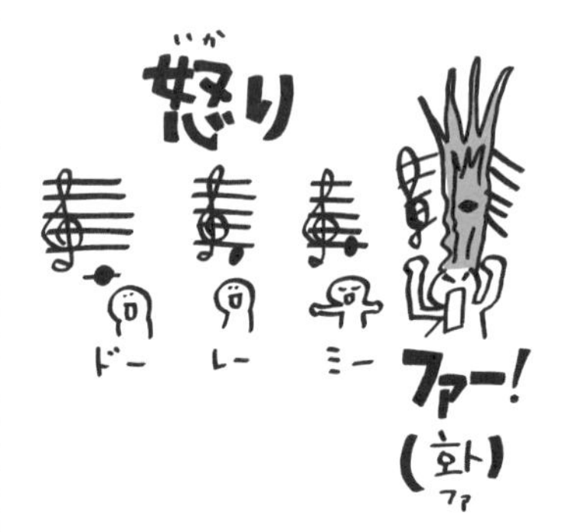

ドレミ「ファ」で怒り爆発

韓国に行くと口調が怒っているように聞こえますが、じつはそうでもないです。ただ、日本人がドレミファソラシ「ド」で爆発するとしたら、韓国人はドレミ「ファ」の段階で爆発してるかも!?

こんぶPOINT

화가 나다（ファガ ナダ）は直訳すると「怒りが出る」ですが、「腹が立つ」という意味になります。

例文

화가 나서 한숨도 못 잤어.
ファガ ナソ ハンスムド モッ チャッソ
→腹が立って、一睡もできなかった。

便利フレーズ

034 | 息が詰まる

숨이 막히다

［スミ マキダ］

炭になった薪で息が詰まる

炭で一酸化炭素中毒になることもあります。薪が炭になってしまうと息が詰まることがあるので気を付けましょう。

こんぶPOINT

숨이（スミ）は「息が」、**막히다**（マキダ）は「詰まる」です。
길이 막히다（キリ マキダ）で「道が混む」になり、渋滞中に使えます。

例文

긴장해서 숨이 막히다.
キンジャンヘソ スミ マキダ
→緊張して息が詰まる。

便利フレーズ

035 | 行きます

가요

［カヨ］

火曜に行きます

週明けの月曜日って行きたくないです。行くなら火曜です。

こんぶPOINT

基本形の「行く」は**가다**（カダ）です。**가요**（カヨ）も**갑니다**（カムニダ）(036)も「行きます」という意味ですが、**가요**（カヨ）の方が会話でよく使われ、柔らかい印象です。

例文

일요일에 친구랑 부산에 가요.
イリョイレ チングラン プサネ カヨ
→日曜日に友達と釜山に行きます。

036 | 行きます

갑니다

［カムニダ］

行きますなのに、COMEニダ

行きますはGO（ゴー）ニダではなく、「COME（カム）ニダ」です。

こんぶPOINT

「ム」はパッチムなので、「カ」の後に一度唇を閉じてから「ニダ」といいます。**갑니다**（カムニダ）も**가요**（カヨ）（035）も「行きます」ですが、**갑니다**（カムニダ）の方が改まった言い方です。礼儀正しさを感じる一方、距離も感じさせます。

例文

친구네 집에 갑니다.
チングネ チベ カムニダ
→友達の家に行きます。

037 | 育児

육아

［ユガ］

Youが、育児!?

育児ってたまに「youが（あなたが）子育てを!?」という見た目の人もいますよね。でも育児に、見た目は関係ないんです。

こんぶPOINT

発音は「ユーガ」ではなく「ユガ」と短くいった方が自然です。

例文

육아는 도움이 많이 필요해요.
ユガヌン トウミ マニ ピリョヘヨ
→育児は助けがたくさん必要です。

038 | 行くな

가지 마

［カジ　マ］

蚊島(かじま)に行くな！刺されるぞ！

彼女は南の島に行こうとしていますが、彼氏は蚊が多い島なので行くなといっています。

こんぶPOINT

지 마（～ジ マ）がつくと「～するな」という意味になります。**오지 마**（オジ マ）は「来るな」、**하지 마**（ハジ マ）は「するな」です。

例文

거기는 위험하니까 가지 마.
コギヌン ウィホマニッカ カジ マ

→そこは危ないから行くな。

039 | 石

돌

［トル］

石はドル

石がドルだったらどんなにいいでしょうか。

こんぶPOINT

カタカナの読みは「トル」ですが、「ドル」にも聞こえます。
「ル」はパッチムなので、「ドル」とはっきりいうのではなく、「ド」といった後に舌を口の中の天井部分に当てるだけです。
石より大きい、「岩」は**바위**（パウィ）といいます。

例文

돌솥비빔밥을 좋아해요.
トルソッピビムパプル チョアヘヨ

→石焼きビビンバが好きです。

040 | いじめるな

괴롭히지 마

［クェロピジ　マ］

ケロッピ島でいじめるな

いじめを決して許さない島、それがケロッピ島です（架空）。

こんぶPOINT

カタカナの読みにあるように実際は「クェロピジマ」ですが、早く発音すると「ケロピジマ」に聞こえます。また、ピが息を吐きだして発音する音なので、「ケロッピジマ」にも聞こえます。

例文

동생을 괴롭히지 마.

トンセンウル　クェロピジ　マ

→妹（弟）をいじめるな。

041 | 医者

의사

［ウィサ］

医者が憂さ晴らし

医者が憂さ晴らしに、たくさんの治療をしてお金を取ろうとしています。韓国ではちょっとしたことで大げさとも思える治療がたまにあります。憂さ晴らしではなく、韓国の患者さんは何かをしてくれないと損した気分になるからです。

こんぶPOINT

もちろん必要な治療もあるので、自己判断は難しいところもあります。

例文

시골에는 의사가 부족해요.

シゴレヌン　ウィサガ　プジョケヨ

→田舎では医者が不足しています。

日用品

042 | 椅子

의자

［ウィジャ］

椅子がうじゃうじゃ

韓国の焼肉屋や飲み屋に行くと、椅子がうじゃうじゃあります。韓国人はたくさんの人と一緒に食べたり飲んだりするのが好きなので、椅子もうじゃうじゃです。

こんぶPOINT

「ウ」に意識を持っていき、にこっと笑いながら「ウィジャ」というとネイティブっぽく発音できます。

例文

의자 좀 갖다주세요.
ウィジャ チョム カッタジュセヨ
→ちょっと椅子を持ってきてください。

便利フレーズ

043 | 忙しい

바빠

［パッパ］

忙しくてぱっぱと

忙しいときは、ぱっぱとしないと終わりません。韓国では役所の手続きもぱっぱ。家を建てるのもぱっぱ。とっても早いのですが、その仕事をする人はとても忙しそうです。いつも、ぱっぱ、ぱっぱ。

こんぶPOINT

基本形は**바쁘다**（パップダ）です。

例文

매일 일 때문에 바빠.
メイル イル テムネ パッパ
→毎日仕事で忙しい。

044 | 痛い

아프다

［アプダ］

痛くてギブアップだ

痛いときってギブアップしたくなりますよね。でも、ギブアップしたからといって痛みがなくなるわけではないので大変です。

こんぶPOINT

カタカナの読みは「アプダ」ですが、「プ」が息を吐きながら出す発音なので「アップダ」にも聞こえます。
会話では**아파**（アパ）「痛い」や**아파요**（アパヨ）「痛いです」といいます。

例文

차여서 마음이 너무 아프다.
チャヨソ マウミ ノム アプダ

→ フラれて心がとても痛い。

045 | 1 2 3 4 5 6 7 8 9 10

일이삼사오 육칠팔구십

［イル、イ、サム、サ、オ、ユク、チル、パル、ク、シプ］

衣類の寒さ、大雪ちらつく、パラつく、温湿布

数字を順番に覚えたいときは、寒い日に1、2、3、4、5と待ち合わせの時間を指折り数えて待っているイメージから「衣類」を思い出してください。最初の「衣類」が思い出せれば、あとは一気に唱えるだけです。

例文

일, 이, 삼, 사, 오, 육, 칠, 팔, 구, 십. 시작!
イル イ サム サ オ ユク チル パル ク シプ シジャク

→ 1、2、3、4、5、6、7、8、9、10。始め！

1

046 | 一日（いちにち）

하루

［ハル］

一日のスケジュールを貼る

一日のTO DOを紙に書いて貼ると便利です。**하루**（ハル）というのは24時間の一日のこと。1月1日のような1日（ついたち）は**1일**（**일**イリ$_{ル}$）といいます。

こんぶPOINT

「一日中」は**하루종일**（ハルジョンイル）といいます。

例文

오늘은 즐거운 하루였어요.
オヌルン チュルゴウン ハルヨッソヨ

→今日は楽しい一日でした。

047 | 一生懸命

열심히

［ヨルシミ］

一生懸命、夜シミを取る

制服を汚してしまい、一生懸命、夜シミ取りをしています。勉強よりも、一生懸命シミ取りです。

こんぶPOINT

「ル」はパッチムなので、「ヨル」と「ル」をはっきり発音しません。「ヨ」の後、すぐに舌を口の中の天井部分にくっつけます。その後「シミ」といいます。

例文

열심히 공부하자.
ヨルシミ コンブハジャ

→一生懸命勉強しよう。

048 | 一緒に

같이

［カチ］

カッチと一緒に

韓国旅行では、現地の人とも一緒に写真を撮りたいですよね。そんなときは「カッチ」といってみてください。きっと快く「カッチ」と一緒に撮ってくれます。

こんぶPOINT

カタカナの読みは「カチ」と書いてありますが、チは息を吐きだしながら発音されるので、実際は「カッチ」という発音に近いです。

例文

같이 사진 찍어 주세요.
カチ サジン チゴ ジュセヨ

→写真を一緒に撮ってください。

049 | 行ってみよう

가 보자

［カ ボジャ］

かぼちゃ畑に行ってみよう！

韓国人は「かぼちゃ」とよくいいますが、かぼちゃが食べたいわけではなく「行ってみよう」と誘っているのです。

こんぶPOINT

実際の発音は「カ ボジャ」です。チャに濁点をつけて「カ ボヂャ」と覚えましょう。**가**（カ）は「行って」、**보자**（ボジャ）は「みよう」です。

例文

오늘은 다른 식당에 가 보자.
オヌルン タルン シㇰタンエ カ ボジャ

→今日はほかの食堂に行ってみよう。

050 | いつも

맨날

［メンナル］

いつもが芽んなる

いつもやってきたことは、いつか必ず芽になります！

こんぶPOINT

会話でよく使われ「毎日」という意味もあります。
「いつも」には**언제나**（オンジェナ）もありますが、**맨날**（メンナル）は「いつも忘れ物をする」というように、習慣のようにしょっちゅう、という反復的な意味の「いつも」です。

例文

엄마는 맨날 잔소리해요.
オムマヌン メンナル チャンソリヘヨ

→お母さんはいつも小言をいいます。

051 | いないいないばあ

까꿍

［カックン］

いないいないばぁは膝カックン？

韓国で知らない人から「カックン」といわれたら、膝カックンされるわけではなく、「いないいないばぁ」と子供をあやしてくれているので安心してください。

こんぶPOINT

必ずしも顔を覆うわけではなく、「カックン」と言葉だけいうこともあります。

例文

아기에게 "까꿍" 하고 놀아 줬어요.
アギエゲ カックン ハゴ ノラ ジュォッソヨ

→赤ちゃんに「いないいないばぁ」といって遊んであげました。

052 | 田舎

시골

［シゴル］

田舎は死のゴール？

若いときは都会で働き、余生は田舎でのんびり暮らしたいと思う人は多いと思います。つまり、田舎は穏やかな死を迎えるゴール地点なのかも？

こんぶPOINT

発音は「シゴール」と伸ばさず、「シゴル」とした方が自然です。また、「ル」はパッチムなので、「シゴ」といった後に、舌を口の中の天井部分に当てるだけです。

例文

시골도 살다 보면 좋아요.

シゴルド サルダ ボミョン チョアヨ

→田舎も住んでみるといいです。

053 | 犬

개

［ケ］

犬といえば毛

犬を飼ってない人にとって、犬がいる家に行くと気になるのは毛です。犬より毛が気になります。

こんぶPOINT

개（犬）と**게**（カニ）（110）は、発音は同じ「ケ」ですが、ハングルで書くときは右側の母音が違います。

例文

개를 한 마리 키우고 있어요.

ケルル ハン マリ キウゴ イッソヨ

→犬を一匹飼っています。

054 | イベント、行事

행사

［ヘンサ］

イベントが変さ

世の中には変わったイベントがたくさんあります。じつは「このイベント変さ」と運営者も思っているかもしれません。でも、楽しめればいいですよね。

こんぶPOINT

漢字では「行事」と書きます。そのため、「イベント」以外に「行事」とも訳せます。**이벤트**（イベントゥ）もよく使います。

例文

편의점에서 행사 상품을 샀어요.
ピョニジョメソ ヘンサ サンプムル サッソヨ

→コンビニでイベント商品を買いました。

055 | いろいろやるね

가지가지 한다

［カジカジ ハンダ］

いろいろ直そうとはんだごてしてたら、火事火事！ はんだ！

はんだごてであれこれ直そうとしたら火事になってしまいました。いろいろやるのはいいですが、そこまでやらなくても……。

こんぶPOINT

「いろいろやってくれるね……」と呆れたときによく使います。

例文

참 가지가지 한다.
チャム カジカジ ハンダ

→本当にいろいろやってくれるね。

056 | インフルエンザ

독감

［トｸカﾑ］

インフルエンザは毒がカムする

インフルエンザは誰かがかかると、あっという間に、家族全員感染。我が家にも毒がカムした〜！　となります。

こんぶPOINT

ハングル一文字ずつ독（ドｸ）と감（カﾑ）でゴロを作りました。
発音通りにハングルで書くと독감です。

例文

독감에 걸렸어요.
トｸカメ コﾙリョッソヨ
→インフルエンザにかかりました。

057 | 上

위

［ウィ］

上に手をあげて、ウィー アー ザ チャンピオン！

上はウィです。「ウィーアーザチャンピオン〜！」と手を上にあげて叫んでみましょう。きっとすぐに覚えられるはず！

例文

테이블 위에 열쇠가 있어요.
テイブﾙ ウィエ ヨﾙスェガ イッソヨ
→テーブルの上に鍵があります。

状態

058 | ウキウキする

신난다

［シンナンダ］

ウキウキする

ウキウキするのは神(しん)なんだ

神様になれたら、何でもできるからウキウキしそうです。

こんぶPOINT

基本形は**신나다**（シンナダ）です。
たとえば「今度遊園地に行こう!」といわれた後に「**신난다**（シンナンダ）～!」とウキウキ、ワクワクな感情を表現するときに使います。

例文

소풍을 가는 날은 항상 신난다.
ソプン カヌン ナルン ハンサン シンナンダ

→遠足に行く日はいつもウキウキする。

動物

059 | うさぎ

토끼

［トッキ］

うさぎの耳は突起

うさぎの一番の特徴は長い耳です。うさぎの耳は突起みたいだから、韓国語で**토끼**（トッキ）というのかも？

例文

토끼가 당근을 먹어요.
トッキガ タングヌル モゴヨ

→うさぎが人参を食べます。

060 | 嘘だ

거짓말이다

［コジンマリダ］

部屋が広いなんて 嘘だー！ こぢんまりだ！

部屋を借りるときに「嘘だー！」と思うことありませんか？ 意外に狭くて「こぢんまりだ～！」という経験です。

こんぶPOINT

「嘘」は**거짓말**（コジンマㇽ）です。それに「だ」の意味の**이다**（イダ）がついて、「嘘だ」は**거짓말이다**（コジンマリダ）になります。

例文

그 사람 말은 거짓말이다.
ク サラㇺ マルン コジンマリダ

→その人の言葉は嘘だ。

061 | 歌

노래

［ノレ］

歌に乗れ～！

韓国人は歌が大好きです。乗れ乗れ～！ とお客さんを巻き込んで歌を歌っています。

こんぶPOINT

하다（ハダ）をつけて**노래하다**（ノレハダ）というと「歌う」という意味になります。
カラオケは**노래방**（ノレバン）で、**방**（バン）は部屋という意味です。

例文

친구는 노래를 잘해서 가수 같아요.
チングヌン ノレルㇽ チャレソ カス カタヨ

→友達は歌がうまくて歌手みたいです。

062 | 器

그릇

［クルッ］

器をくるっくるっと作る

韓国は青磁や白磁など陶磁器が有名です。器はろくろでくるっくるっと作ります。

こんぶPOINT

밥그릇（パㇷ゚クルッ）は「ご飯茶碗」、국그릇（クㇰクルッ）は「汁椀」です。

例文

좀 더 큰 그릇 주세요.
チョㇺ ド クン クルッ チュセヨ

→もう少し大きい器ください。

063 | 馬

말

［マル］

丸い馬

こんなに丸々していたら走れないですね。ほっそりとして筋肉質な馬でも、韓国では「丸」と呼んでください。

こんぶPOINT

「ル」はパッチムなので、はっきりと発音しません。「マ」といった後に舌を口の中の天井部分に当てるだけです。

例文

제주도에 가면 말을 타 보고 싶어요.
チェジュドエ カミョン マルㇽ タ ポゴ シポヨ

→済州島に行ったら馬に乗ってみたいです。

064 | 売る

판다

［パンダ］

パンダグッズを売る

パンダグッズを売ります。動物のパンダも**판다**です。韓国のお店にパンダの絵があるのは韓国語のダジャレです。

こんぶPOINT

基本形は**팔다**（パルダ）です。**판다**（パンダ）は**팔다**（パルダ）を変形させたものです。

例文

천원숍에서는 여러 가지 생활용품들을 판다.
チョヌォンショベソヌン ヨロ ガジ センファルリョンプムドゥルル パンダ

→1000ウォンショップではいろいろな生活用品を売る。

065 | 嬉しい

기뻐

［キッポ］

嬉しい 吉報

嬉しい気持ちで吉報～！　といえば、「嬉しい＝**기뻐**（キッポ）」がすぐに覚えられるはず！

こんぶPOINT

発音は「きっぽう」ではなく、短く「きっぽ」といった方が自然です。
基本形は**기쁘다**（キップダ）です。
요（ヨ）をつけて**기뻐요**（キッポヨ）というと、「嬉しいです」になります。

例文

우리 팀이 이겨서 기뻐.
ウリ ティミ イギョソ キッポ

→私たちのチームが勝って嬉しい。

生理現象

066 | うんこ

똥

[トン]

トントントン、うんこ中

韓国のトイレで「トントントン」といいながらノックしたら、中の人はびっくりするかもしれません。「トン」は「うんこ」という意味だからです。

こんぶPOINT

発音はちょっと力んだ感じで「ットン」というとよりネイティブ風です。ボットン便所の「ボ」を取って、「ットン」と覚えてもいいですね。

例文

똥 쌌어?
トン サッソ

→うんこした?

趣味

067 | 絵

그림

[クリム]

グリム童話の絵

グリム童話の絵って想像力が広がります。子供がグリム童話の絵を見ながら、本の横にも世界を広げて見ています。

こんぶPOINT

カタカナの読みは「クリム」ですが、「グリム」でも通じます。
「絵を描く」は**그림을 그리다**(クリムル クリダ)といいます。
絵本は**그림책**(クリムチェク)です。

例文

아이가 그림을 그려요.
アイガ クリムル クリョヨ

→子供が絵を描きます。

068 | 英語

영어

［ヨンオ］

英語は四男（よんお）が上手

韓国で英語は必須で、就職にも英語のスコアが必要です。そのため、最近は保育園や幼稚園のときから英語を習います。若い世代になるにつれてペラペラになっていくのがよくわかります。兄弟がいた場合、四男くらいになれば英語はネイティブかも。「よんなん」と読みたいところをグッとこらえて「よんお」と覚えてください。

例文

영어로 말해 보세요.
ヨンオロ マレ ボセヨ

→英語でいってみてください。

069 | エビ

새우

［セウ］

エビの背は「う」

エビの背中は丸まっていて、ひらがなの「う」みたいです。「背」が「う」で、「セウ」です。

こんぶPOINT

エビチリは**칠리새우**（チㇽリセウ）といいます。

例文

새우튀김을 주문했어요.
セウトゥィギムㇽ チュムネッソヨ

→エビの天ぷらを注文しました。

便利フレーズ

070 | おいしいです

맛있어요

［マシッソヨ］

飯っすよ！おいしいです

汗をかいて働いた後に食べるご飯っておいしいです。腹ぺこのときは、やっぱり飯っすよ！

こんぶPOINT

これは何となくそう聞こえるというゴロです。正確な発音は「マシッソヨ」です。**맛없어요**（マドプソヨ）「まずいです」（439）とセットで覚えてください。

例文

엄마의 요리는 맛있어요.
オムマエ ヨリヌン マシッソヨ

→ お母さんの料理はおいしいです。

人

071 | 王様

왕

［ワン］

王様はナンバーワン！

王様はその国のナンバーワン！オンリーワン！　です。

こんぶPOINT

왕（ワン）は大きいという意味でも使われ、**왕돈가스**（ワントンカス）といえば「ジャンボトンカツ」という意味になります。

例文

왕이 되고 싶어요.
ワンイ トェゴ シポヨ

→ 王様になりたいです。

072 | オオカミ

늑대

［ヌㇰテ］

オオカミのお腹を縫って

赤ずきんちゃんのお話でオオカミを初めて知る人は多いのでは？赤ずきんちゃんが「縫って！」といって、おばあさんがオオカミのお腹を縫っています。

こんぶPOINT

発音通りにハングルで書くと**늑때**となります。カタカナの読みは「ヌㇰテ」ですが、「ヌッテ」にも聞こえます。

例文

남자는 다 늑대라고 엄마가 말했어요.
ナムジャヌン タ ヌㇰテラゴ オムマガ マレッソヨ

→男はみんなオオカミだとお母さんがいいました。

073 | お母さん

엄마

［オㇺマ］

お母さんはお馬

お母さんは子供のおもりで、いつもお馬役です。

こんぶPOINT

カタカナの読みは「オㇺマ」ですが、「オンマ」といえば自然にパッチムはできています。『おんまはみんな』という歌も「お馬」を「おんま」と歌っていますね。

例文

우리 엄마는 자상해요.
ウリ オㇺマヌン チャサンヘヨ

→私のお母さんは気が利きます。

074 | お金

돈

［トン］

トーンの違いでお金を見分ける

韓国では最近、現金を使うことが少なくなってきました。あと数年したら、お金が落ちる音も聞こえなくなるのかも。

こんぶPOINT

小銭は**동전**（トンジョン）、お札は**지폐**（チペ）、クレジットカードは**신용카드**（シニョンカドゥ）といいます。

例文

돈보다 건강이 중요해요.
トンボダ コンガンイ チュンヨヘヨ
→お金より健康が重要です。

075 | 屋上

옥상

［オㇰサン］

屋上に奥さんが！

韓国の家の屋上は平らで、そこで洗濯物を干したり、時には焼肉をしたりします。だから、屋上にはよく奥さんがいます。

こんぶPOINT

発音は「オㇰサン」で「ク」はパッチムなので、軽く発音します。そのため奥さんですが、少し「オッサン」にも聞こえます。

例文

옥상에 빨래를 널었어요.
オㇰサンエ パㇽレルㇽ ノロッソヨ
→屋上に洗濯物を干しました。

076 | お小遣い

용돈

［ヨントン］

4トンものお小遣いをもらえたら

子供だけでなく、大人だって4トントラックいっぱいのお小遣いをもらえたら嬉しいですね。ちなみに、韓国の会社員の平均のお小遣いは月6万円くらいとか？

こんぶPOINT

용（ヨン）は漢字で「用」、돈（トン）（074）は「お金」という意味です。

例文

용돈 좀 올려 주세요.
ヨントン チョム オルリョ ジュセヨ

→お小遣い、ちょっと増やして（上げて）ください。

077 | おじいちゃん

할아버지

［ハラボジ］

おじいちゃんが腹をほじほじ

おじいちゃんになると肌が乾燥して、腹のあたりをほじほじ掻いちゃいます。だから、おじいちゃんは腹ほじです。

こんぶPOINT

発音は濁点をつけて、「腹ぼじ」にしてください。

例文

우리 할아버지는 올해 100살입니다.
ウリ ハラボジヌン オレ ペㇰサリㇺニダ

→私のおじいちゃんは今年100歳です。

078 | おじさん

아저씨

［アジョッシ］

あ、上司はみんなおじさんよ

おじさんは会社に行けばたくさんいます。女子社員が「おじさん？上司はみんなおじさんよ！」といっています。

こんぶPOINT

「あ、上司（じょうし）」の上司の部分を短めに「あじょし」というと自然です。

例文

아저씨가 1000원 깎아 줬어요.

アジョッシガ チョヌォン カッカ ジュォッソヨ

→おじさんが1000ウォンまけてくれました。

079 | 恐ろしい

무시무시하다

［ムシムシハダ］

虫虫肌（むしむしはだ）になったら恐ろしい～！

虫が体にのぼってきて、虫虫肌に。もう考えただけで恐ろしい!!!

こんぶPOINT

普通の「怖い」は**무섭다**（ムソプタ）です。**무시무시하다**（ムシムシハダ）はぞっとする恐ろしさです。「すさまじい」とか「おどろおどろしい」とも訳せます。

例文

그 영화는 참 무시무시하다.

ク ヨンファヌン チャム ムシムシハダ

→その映画は本当に恐ろしい。

080 | おたま

국자

［クㇰチャ］

おたまで食っちゃお

おたまでそのまま味見しています。みなさんも、やっちゃってますよね……？

こんぶPOINT

発音は「クㇰチャ」です。「ク」はパッチムで軽く発音されるので「クッチャ」にも聞こえます。

例文

국물은 국자로 떠 주세요.
クンムルン クㇰチャロ ト ジュセヨ

→汁はおたまですくってください。

081 | お茶（緑茶）

녹차

［ノㇰチャ］

お茶はノックして

お茶を持って行く先って、社長室や応接室が多いですね。入る前にきちんとノックしましょう。

こんぶPOINT

発音は「ノㇰチャ」で、「ク」はパッチムなので軽く発音します。「ノッチャ」にも聞こえるような音です。

例文

녹차와 커피 중 어떤 거 드릴까요?
ノㇰチャワ コピ チュン オットン ゴ トゥリㇽカヨ

→お茶（緑茶）とコーヒーのうち、どちらを差し上げましょうか？

082 | 夫

남편

［ナムピョン］

韓国人夫に今日の夕食はナムルだぴょん

日本人妻が韓国人夫に今日は「ナムルだぴょん！」とかわいくいっています。

こんぶPOINT

正確な発音は「ナムピョン」です。「ム」はパッチムですが、「ピョン」の「ピ」をいうときに唇が自然と閉じられるので、パッチムのことは気にせず「ナンピョン」といえば自然に発音できます。

例文

우리 남편은 왼손잡이예요.
ウリ ナムピョヌン ウェンソンジャビエヨ

→私の夫は左利きです。

083 | 音

소리

［ソリ］

ソリの音

音がする！　何だろうと思ったら、サンタクロースのソリの音です！

こんぶPOINT

首や喉という意味の**목**（モㇰ）をつけて**목소리**（モㇰソリ）というと「声」という意味になります。

例文

핸드폰 소리는 꺼 주세요.
ヘンドゥポン ソリヌン コ ジュセヨ

→ケータイの音は切ってください。

084 | お父さん

아빠

［アッパ］

お父さんにアッパー

韓国の子供は、お父さんに「アッパー」といいながらじゃれますが、本当にアッパーをくらわしてはいけませんよ。

こんぶPOINT

아빠（アッパ）は「お父さん」や「パパ」という意味です。**아버지**（アボジ）もお父さんという意味ですが、**아버지**（アボジ）（285）より親しみのある言い方です。

例文

주말에 아빠랑 같이 자장면 먹었어요.
チュマレ アッパラン カチ チャジャンミョン モゴッソヨ

→週末、お父さんと一緒にジャージャー麺食べました。

085 | 弟・妹

동생

［トンセン］

弟・妹をとおせんぼ

自分より年下の弟や妹はついついいじめたりしちゃいます。韓国では血のつながっていない場合でも、年下であれば**동생**（トンセン）といいます。

こんぶPOINT

弟は**남동생**（ナムドンセン）、妹は**여동생**（ヨドンセン）といいますが、韓国語ではあまり男女の区別にこだわらず、**동생**（トンセン）で言い表すことが多いです。

例文

동생은 챙겨 줘야 해요.
トンセンウン チェンギョ ジュォヤ ヘヨ

→弟（妹）は面倒をみないといけません。

人

086 | 大人

어른

［オルン］

大人はおるん？

遊園地で迷子の子供に大人はおるん？　と聞いています。

こんぶPOINT

韓国の観光地の入場券やバスなどの料金で「大人」というときに使えます。

例文

어른 한 명 어린이 두 명이에요.
オルン ハン ミョン オリニ トゥ ミョンイエヨ

→大人1人、子供2人です。

便利フレーズ

087 | お腹をこわした

배탈이 났다

［ペタリ　ナッタ］

お腹をこわして便器にぺったりなった

お腹をこわすと何度もトイレに行って、便器にぺったり状態に。

こんぶPOINT

「お腹をこわす」は**배탈이 나다**（ペタリ ナダ）です。
カタカナの読みは「ペタリ ナッタ」ですが、「ペタリ」の「タ」が息を吐きだして発音する音なので「ペッタリ ナッタ」にも聞こえます。

例文

많이 먹었더니 배탈이 났다.
マニ モゴットニ ペタリ ナッタ

→たくさん食べたらお腹をこわした。

088 | 同じだ

갈다

[カッタ]

カッターシャツはみんな同じだ

ちょっとずつは違うんでしょうが、カッターシャツってみんな同じに見えます。

こんぶPOINT

「カッター」と伸ばさず「カッタ」といったほうが自然です。
「全く同じだ」という意味の**똑같다**（トクカッタ）もよく使います。

例文

우리는 나이가 같다.
ウリヌン ナイガ カッタ

→私たちは年が同じだ。

089 | お兄ちゃん

오빠

[オッパ]

お兄ちゃんはおっぱい好き

妹がおっぱい好きのお兄ちゃんを発見!!　韓国では血のつながっていない年上の男性にも使います。

こんぶPOINT

発音は「おっぱい」ではなく「オッパ」です。**오빠**（オッパ）は、女性にとってのお兄ちゃんです。男性にとってのお兄ちゃんは**형**（ヒョン）といいます。

例文

나는 멋진 오빠가 한 명 있어요.
ナヌン モッチン オッパガ ハン ミョン イッソヨ

→私はかっこいいお兄ちゃんが一人います。

090 | お姉ちゃん

언니

[オンニ]

お姉ちゃん、恩に着る!

面倒見のいいお姉ちゃんに感謝を。韓国では血がつながっていなくても、仲のいい年上の女性にも使います。オンニと呼ぶ仲になると、いろいろ面倒を見てくれます。

こんぶPOINT

女の人にとってのお姉ちゃんです。男の人にとってのお姉ちゃんは**누나**(ヌナ)といいます。

例文

언니가 원피스를 빌려줬어요.
オンニガ ウォンピスルㇽ ピㇽリョジュォッソヨ

→お姉ちゃんがワンピースを貸してくれました。

091 | おばあちゃん

할머니

[ハㇽモニ]

おばあちゃんは家族のハーモニー

家族が喧嘩をしても、ギクシャクしても「まぁまぁいいじゃない」というのがおばあちゃん。不協和音の家族も、おばあちゃんがいればハーモニーになります。実際、韓国の小さな子供はㄹパッチムが難しいので「ハーモニ」といっているように聞こえます。

例文

저는 어릴 때 할머니랑 같이 살았어요.
チョヌン オリㇽ テ ハㇽモニラン カチ サラッソヨ

→私は小さいとき、おばあちゃんと一緒に暮らしました。

人

092 | おばさん

이모

[イモ]

おばさんはイモをよくくれる

おばさんって、イモ好きですよね。いらないといっても、食べなさいよ、なんていってイモをくれます。

こんぶPOINT

おばさんという意味の**아줌마**（アジュムマ）より親しみのある言い方です。ただ、日本語同様、誰が誰にどんな状況で使うかによって受け取り方は変わります。

例文

이모한테 생일 선물을 받았어요.
イモハンテ センイル ソンムルル パダッソヨ

→おばさんに誕生日プレゼントをもらいました。

趣味

093 | 音楽

음악

[ウマㇰ]

音楽はうまくない

韓国では一昔前まで音楽、美術、体育は入試に関係ないので、自習になったり、他の授業になったりしていました。だから、韓国語で「音楽」は「うまく」ない？　いえいえ、実際に韓国人が音楽がうまくないというわけではありませんよ。

例文

한국 음악을 좋아해요.
ハングㇰ ウマグル チョアヘヨ

→韓国の音楽が好きです。

094 | おんぶ

어부바

［オブバ］

おんぶをするのは、おんぶ婆

おんぶをしてくれるのは、じいじではなく、ばあばのほうが上手？おんぶ婆ちゃんです。

こんぶPOINT

発音は「オブバ」です。
「おんぶする」は**어부바하다**（オブバハダ）です。

例文

아기가 울어서 어부바를 해 줬다.
アギガ ウロソ オブバルル ヘ ジュォッタ

→赤ちゃんが泣いたのでおんぶをしてあげた。

1

COLUMN

簡単なハングルでの検索方法

韓国人は車のナビを使うとき、変わった方法で目的地検索します。**서울대공원**（ソウルデコンウォン：ソウル大公園）なら子音だけ「ㅅㅇㄷㄱㅇ」と打ちます。すると、母音を打たなくても候補が出ます。急いでいるときにとても便利です。タクシーの運転手さんがナビに子音だけ打っていても間違いではないので安心してください。日本語では読みから漢字候補が出てくるように、韓国語では子音だけで候補が出てきます。
ぜひ使ってみてください。

か行

昆虫

095 | 蚊(か)

모기

［モギ］

蚊

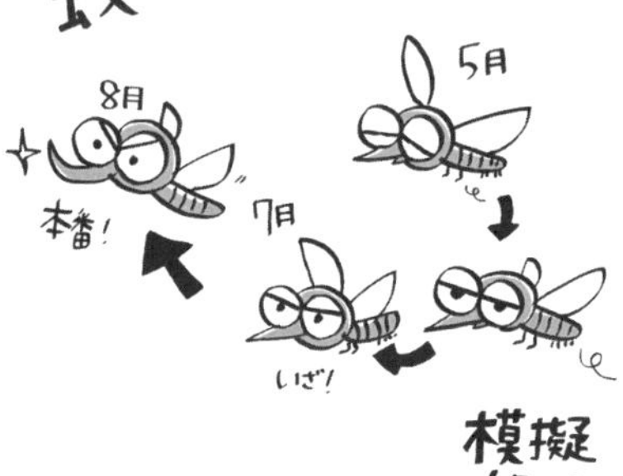

蚊が模擬飛行

韓国の蚊は５月頃から少しずつ模擬飛行を開始。秋や冬にも飛んでいることも。時にはクリスマスも蚊と一緒に過ごせます……。

こんぶPOINT

場所や年によって蚊の出る時期や期間は違います。ただ、日本よりは長めに飛行している印象です。
「蚊取り線香」は**모기향**（モギヒャン）、「蚊帳」は**모기장**（モギジャン）です。

例文

모기한테 물렸어요.
モギハンテ ムㇽリョッソヨ
→蚊に刺されました。

昆虫

096 | 蛾（が）

나방

［ナバン］

蛾は夏の晩に現れる

蛾は夏の晩、街灯に集まります。「なつのばん」、略して「ナバン」と覚えましょう！

こんぶPOINT

蝶（290）は**나비**（ナビ）です。

例文

나방은 나비와 비슷해요.
ナバンウン ナビワ ピステヨ

→蛾は蝶に似ています。

日用品

097 | カーテン

커튼

［コトゥン］

カーテンはコットンで

カーテンがコットンなら気持ちよさそうです。カーテンひとつで部屋の雰囲気がガラッと変わるので、素材にはこだわりたいですね。

こんぶPOINT

発音は「コトゥン」です。**튼**（トゥン）が息を吐きだす音なので、「コットゥン」にも聞こえます。実際の会話では**커텐**（コテン）という人もいます。外来語は実際の会話では人によって言い方が違うものがあります。

例文

커튼을 쳐 주세요.
コトゥヌル チョ ジュセヨ

→カーテンを引いてください。

098 | 買う

산다

［サンダ］

ブラックサンダーを買う!

韓国人が日本に旅行して必ず行くのはコンビニです。そこでおススメの食べ物や飲み物を買います。ブラックサンダーも人気です。

こんぶPOINT

基本形は**사다**（サダ）です。「ン」が入って**산다**（サンダ）になると、「買うぞ!」という意志を感じられる表現になります。

例文

편의점에서 과자랑 음료수를 산다.
ピョニジョメソ クァジャラン ウムニョスルル サンダ

→ コンビニでお菓子と飲み物を買う。

099 | 返す

갚아

［カパ］

恩を返す カッパ

カッパが自分の好きな魚で恩を返しています。

こんぶPOINT

カタカナの読みは「カパ」ですが、「パ」が息を吐きだして発音する音なので、「カッパ」にも聞こえます。
借りていたノートやおもちゃなどを返すときは**돌려주다**（トルリョジュダ）を使います。**갚아**（カパ）は恩やお金を返すときに使います。
基本形は**갚다**（カプタ）です。

例文

돈 갚아.
トン カパ

→ 金返せ。

100 | カカオトーク

카톡

［カトゥ］

加藤さんからカカオトーク

日本ではラインが主流ですが、韓国ではカカオトークを使います。よくスマホから「カトカト」と聞こえてきますが、それはカカオトークにメッセージが入った音です。

こんぶPOINT

カカオトークは**카카오톡**（カカオトゥ）ですが、長いので略して**카톡**（カトゥ）といいます。「ク」はパッチムなので軽く発音するため、「カトッ」とも聞こえます。

例文

전화 통화보다 카톡이 편해요.
チョヌァ トンファボダ カトギ ピョネヨ

→電話よりもカカオトークが楽です。

101 | 柿

감

［カム］

柿を噛む

柿は果物の中では固いほうですよね。だから、柿はよく噛んで食べないと消化に悪いです。

こんぶPOINT

「ム」はパッチムなので、「カ」といった後に唇を閉じるだけです。

例文

나는 그냥 감보다 곶감이 좋아요.
ナヌン クニャン カムボダ コッカミ チョアヨ

→私はただの柿より干し柿が好きです。

102 | 学生

학생

［ハㇰセン］

学生が白線流し

学生が卒業式の日に白線流しをしています。昔ドラマで『白線流し』ってありましたよね。

こんぶPOINT

韓国では中高大学生くらいの年頃の人を呼ぶときにも**학생**（ハㇰセン）を使います。白線流しは岐阜県の学校で、卒業式の日にリボンと学帽の白線を結んで川に流す行事です。

例文

학생 시절에 연애를 많이 했어요.

ハㇰセン シジョレ ヨネルㇽ マニ ヘッソヨ

→学生時代に恋愛をたくさんしました。

103 | 過去

과거

［クァゴ］

過去にGO!

タイムマシーンに乗って過去にGO（ゴー）！　そんなことができたらいいですよね。

こんぶPOINT

正確な発音は「クァゴ」ですが、早くいうと「カゴ」に聞こえます。

例文

과거로 떠나는 시간 여행.

クァゴロ トナヌン シガン ニョヘン

→過去に行くタイムトラベル。

日用品

104 | 傘

우산

［ウサン］

傘はうさん

傘の形は平仮名の「う」に似ています。雨の日には呼んでみましょう「うさん〜！」と。

こんぶPOINT

漢字で「雨傘」と書きます。
折りたたみ傘は**접는 우산**（チョムヌン ウサン）、日傘は**양산**（ヤンサン）といいます。

例文

비가 오는 날에는 우산을 써요.
ピガ オヌン ナレヌン ウサヌル ソヨ

→雨が降る日には傘をさします。

便利フレーズ

105 | 火事だ

불이야

［プリヤ］

ブリ屋で火事だ

脂ののったブリに火が！ 早くしないと火事になっちゃいます！

こんぶPOINT

カタカナの読みは「プリヤ」ですが、「ブリヤ」でも通じます。
불（プル）は「火」で、これに「だ」を意味する**이야**（イヤ）がついた形です。

例文

불이야〜! 빨리 집에서 나와〜!
プリヤ パルリ チベソ ナワ

→火事だ〜！ 早く家から出てきて〜！

か
2

106 | 肩

어깨

［オッケ］

肩に桶をかつぐ

肩にかつぐものといえば、昔から桶ですね。

こんぶPOINT

発音は「オッケ」です。깨（ッケ）は苦しそうな息を止めたような発音なので、重い桶をかつぎながら、よいしょという感じで「オッケ」というとうまく発音できます。

例文

어깨가 뭉쳐서 아파요.
オッケガ ムンチョソ アパヨ

→肩が凝って痛いです。

107 | 学科

학과

［ハㇰクァ］

学科はその世界のハッカー

学科というのはその世界の専門知識や技術を学べる、いわばハッカーのようなものです。

こんぶPOINT

発音は「ハㇰクァ」ですが、早くいうと「ハッカ」に聞こえます。
「何学科」と聞くときは**무슨 학과**（ムスン ハㇰクァ）と表現します。

例文

너는 무슨 학과에 다니고 있어?
ノヌン ムスン ハㇰクァエ タニゴ イッソ

→君は何学科に通っているの？

108 | 学校

학교

［ハクキョ］

学校で発狂

韓国の子供たちは学校で勉強漬けです。とくに高校生は**야자**（ヤジャ：夜自）という夜の自習時間があり、朝から晩まで学校にいることも。学校で発狂しませんように。

こんぶPOINT

カタカナ読みは「ハクキョ」ですが、「ハッキョ」といえば自然にパッチムはできています。

例文

늦잠을 자서 학교에 지각했어요.
ヌッチャムル チャソ ハクキョエ チガケッソヨ

→寝坊して学校に遅刻しました。

109 | 必ず

꼭

［コク］

必ず コック

韓国のテレビでは数年前コックさんブームで、テレビをつければ必ずコックさんが出てきていました。今はそれが普通になりました。

こんぶPOINT

カタカナの読みは「コク」ですが、「ク」はパッチムなので軽く発音して「コッ」という感じでいうと自然です。
「コック」は韓国語で**셰프**（シェプ）や**요리사**（ヨリサ）といいます。

例文

오늘 안에 꼭 해야 돼.
オヌル アネ コク ヘヤ トェ

→今日中に必ずしないといけない。

110 | カニ

게

［ケ］

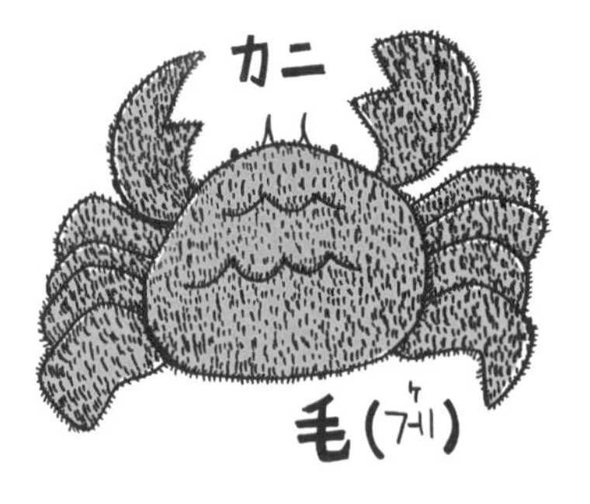

カニは毛ガニ

カニといえば毛ガニがうまい！カニを覚えるときは、毛のたくさん生えた毛ガニを思いうかべてください。

こんぶPOINT

게（カニ）と**개**（犬）（053）は、発音が同じ「ケ」ですが、ハングルで書くときは右側の母音が違います。

例文

게는 집게가 맛있어요.
ケヌン チプケガ マシッソヨ

→カニはツメがおいしいです。

111 | カバ

하마

［ハマ］

カバがはまる

カバって大きくて重いです。沼なんかにいたら、はまっちゃいそうです。

こんぶPOINT

日本同様、漢字で「河馬」と書きます。ちなみに、「海馬」で**해마**（ヘマ）と読み、「タツノオトシゴ」という意味になります。
「はまる」は**빠지다**（パジダ）です。

例文

하마가 입을 크게 벌리고 하품을 하고 있어요.
ハマガ イプル クゲ ボルリゴ ハプムル ハゴ イッソヨ

→カバが口を大きくあけてあくびをしています。

112 | カビ

곰팡이

［コムパンイ］

カビで紺のパンが胃に……

カビで紺色になったパンが胃の中に入っていっています。韓国は日本ほど湿気が多くないので、カビは生えにくいですが、生えるところには生えます……。

こんぶPOINT

「カビが生える」は**곰팡이가 피다**（コムパンイガ ピダ）といいます。

例文

화장실에 곰팡이가 폈어요.
ファジャンシレ コムパンイガ ピョッソヨ
→トイレにカビが生えました。

113 | 髪の毛

머리카락

［モリカラㇰ］

髪の毛を森カラーにカラーリング

頭は森のようなので**머리**（モリ）です（014）。髪の毛はその森をカラーリングすると覚えましょう。

こんぶPOINT

発音は「モリカラㇰ」で、「ク」はパッチムなので軽く発音します。
머리（モリ）にも髪の意味はありますが、**머리카락**（モリカラㇰ）というと一本一本の髪の毛という意味になります。

例文

염색했더니 머리카락이 상했어요.
ヨムセケットニ モリカラギ サンヘッソヨ
→髪を染めたら髪の毛が傷みました。

114 | 髪の分け目

가르마

[カルマ]

韓国語のカルマは髪の分け目

カルマって日本ではスピリチュアルな世界でよく使いますが、韓国では鏡を見ながら使います。というのも、韓国では「髪の分け目」のことだからです。

こんぶPOINT

たとえば「七三分け」は7 **대** 3 **가르마**（チル テ サム カルマ）といいます。

例文

2 대 8 가르마를 멋지게 탔어요.
イ デ パル カルマルル モッチゲ タッソヨ

→2対8の分け目をかっこよく分けました。

115 | カメ

거북이

[コブギ]

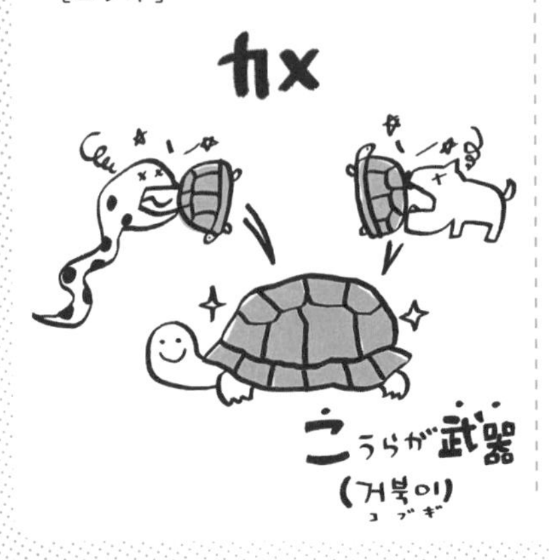

カメは甲羅が武器

亀の特徴といえば甲羅です。動きがゆっくりで弱そうですが、固い甲羅という武器がありますね。

こんぶPOINT

発音は「コブキ」ではなく、「コブギ」といった方が自然です。

例文

거북이는 걸음이 느려요.
コブギヌン コルミ ヌリョヨ

→亀は歩みが遅いです。

動物

116 | カモ

오리

［オリ］

カモを檻に入れる

アイガモ農法でカモを田んぼに放して、草や虫を食べてもらっています。でも、大事なカモですから、また檻（ケージ）に入れています。

例文

오리고기 먹을 줄 알아요?
オリゴギ モグル チュル アラヨ

→カモ肉食べられますか（食べる方法知っていますか）？

日常生活

117 | 通う

다녀

［タニョ］

多尿でトイレに通う

多尿でトイレと部屋を行ったり来たり、通っています。学校や会社へ通うときによく使います。

こんぶPOINT

基本形は**다니다**（タニダ）です。
トイレに行くときは**가다**（カダ）「行く」を使いますが、下痢をしたり頻尿で何回も往復するときは、この通うという単語も使います。

例文

내 동생은 학교에 다녀.
ネ トンセンウン ハッキョエ タニョ

→私の妹（弟）は学校に通う。

118 | カラシ

겨자

［キョジャ］

「餃子ちょうだい」で「カラシ」をあーん

「餃子ちょうだい」といったら、韓国人の友達が「カラシ」をくれました。

こんぶPOINT

カタカナの読みは「キョジャ」ですが、「ギョジャ」にも聞こえる発音です。
ちなみに「餃子」は**만두**（マンドゥ）といいます。

例文

냉면에는 겨자와 식초를 뿌려 먹어요.
ネンミョネヌン キョジャワ シクチョルル プリョ モゴヨ

→冷麺にはからしと酢をかけて食べます。

119 | ガラス

유리

［ユリ］

ガラスをユリちゃんが！

ユリちゃんが窓ガラスを割ってしまいました。小学生や中学生のとき、誰かしら窓ガラスを割ってしまう子がいませんでしたか？

こんぶPOINT

유리창（ユリチャン）は窓ガラスという意味です。窓だけは**창문**（チャンムン）をよく使います。

例文

유리가 쨍그랑 하고 깨졌어요.
ユリガ チェングラン ハゴ ケジョッソヨ

→ガラスがガチャンと割れました。

からだ

120 | 体

몸

［モム］

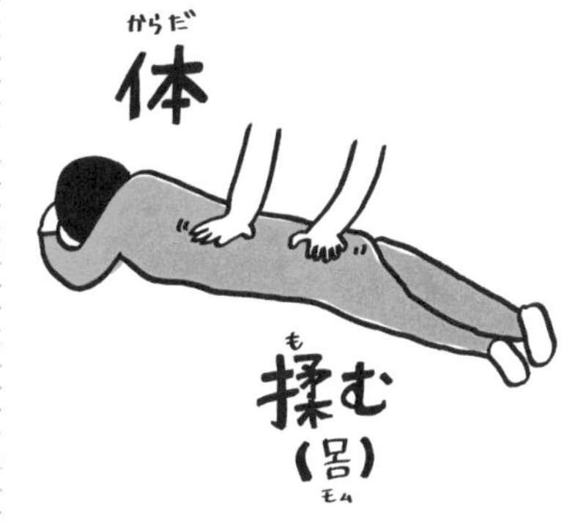

体を揉む

体が疲れたときは揉んでいたわりましょう。

こんぶPOINT

「ム」はパッチムなので、「モ」といった後に唇を閉じるだけです。
온몸（オンモム）で「全身」という意味です。

例文

몸을 관리하기 위해 헬스장에 다녀요.
モムル クァルリハギ ウィヘ ヘルスジャンエ タニョヨ

→体の管理をするため、ジムに通います。

国

121 | 韓国

한국

［ハングㇰ］

韓国はハングルgood!

韓国といえばハングル。韓国人にとってハングルはとても誇るべきもので、世界一の文字だからハングルgood（グッ）！　です。

こんぶPOINT

発音は「ハングㇰ」で、「ク」はパッチムなので軽く発音します。「ハングッ」にも聞こえます。
「大韓民国」は**대한민국**（テハンミングㇰ）といいます。

例文

한국 어디 어디 가 봤어요?
ハングㇰ オディ オディ カ ボァッソヨ

→韓国のどこに行ってみましたか？

か
2

122 | 看護師

간호사

［カノサ］

看護師はなんでも可能さ

看護師さんは注射に点滴になんでも可能さ！　と頼もしいです。

こんぶPOINT

発音は「カノサ」です。「カノ～サ」ではなく、短く「カノサ」というと自然です。「看護師さん」と呼ぶときは、先生という意味の**선생님**（ソンセンニㇺ）とか**간호사님**（カノサニㇺ）と呼びます。

例文

크면 간호사가 되고 싶어요.

クミョン カノサガ トェゴ シポヨ

→大きくなったら看護師になりたいです。

123 | 乾燥機

건조기

［コンジョギ］

乾燥機を根性で設置

乾燥機を洗濯機の上に置こうと、根性で持ち上げています。韓国では最近乾燥機が人気です。便利という理由もありますが、PM2.5（390）の影響で外に干したくないという人が増えているからです。

こんぶPOINT

「洗濯機」は**세탁기**（セタㇰキ）といいます。

例文

건조기로 빨래를 말려요.

コンジョギロ パルレルㇽ マルリョヨ

→乾燥機で洗濯物を乾かします。

便利フレーズ

124 | がんばれ

힘내

［ヒムネ］

火を胸に、がんばれ！

高校球児ががんばれ！　と火を胸に灯しています。

こんぶPOINT

発音は「ヒムネ」です。「ム」はパッチムなので、「ヒ」の後に唇を閉じて、「ネ」といいます。
「**힘**（ヒム）」は「力（ちから）」、**내**（ネ）は「出す」です。**힘내**（ヒムネ）は「力を出して！」という意味です。

例文

오늘도 힘내~!
オヌルド ヒムネ

→今日もがんばって〜！

か

2

日常生活

125 | 看板

간판

［カンパン］

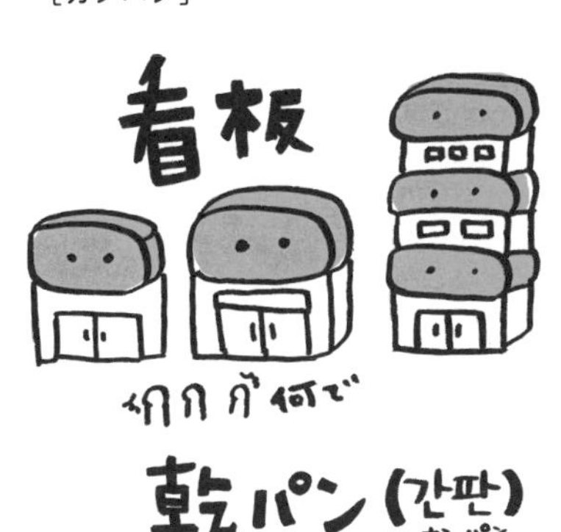

乾パンの看板

看板がみんな乾パンになっています。乾パンってどれも同じ形で見分けがつきません。韓国の看板は、ハングルが読めないとどれもこれも似ていて見分けがつきません。乾パンのようなものです。

こんぶPOINT

乾パンは**건빵**（コンパン）といいます。

例文

간판만 보고 식당에 들어갔어요.
カンパンマン ポゴ シㇰタンエ トゥロガッソヨ

→看板だけ見て食堂に入りました。

126 | 漢方薬

한약

［ハニャㇰ］

漢方薬で般若顔

漢方薬を飲んだら苦くて般若顔に。韓国では漢方薬は薬というよりは、サプリメントのような感覚で飲みます。

こんぶPOINT

発音は「ハンニャ」のンを取って「ハニャ」が自然です。
より正確な発音は「ハニャㇰ」で「ㇰ」はパッチムなので軽く発音します。
韓国では漢字で「韓薬」と書きます。

例文

한약 먹고 기운 내.
ハニャン モㇰコ キウン ネ

→漢方薬、飲んで元気を出して。

127 | 木

나무

［ナム］

木の前で南無阿弥陀仏（なむあみだぶつ）

木の前で南無阿弥陀仏と唱えています。木って不思議な力が宿っていそうです。

こんぶPOINT

松の木は**소나무**（ソナム）、杉の木は**삼나무**（サムナム）です。

例文

더우니까 큰 나무 아래에서 쉬고 있어요.
トウニッカ クン ナム アレエソ シュィゴ イッソヨ

→暑いから大きな木の下で休んでいます。

128 | 消える

사라지다

［サラジダ］

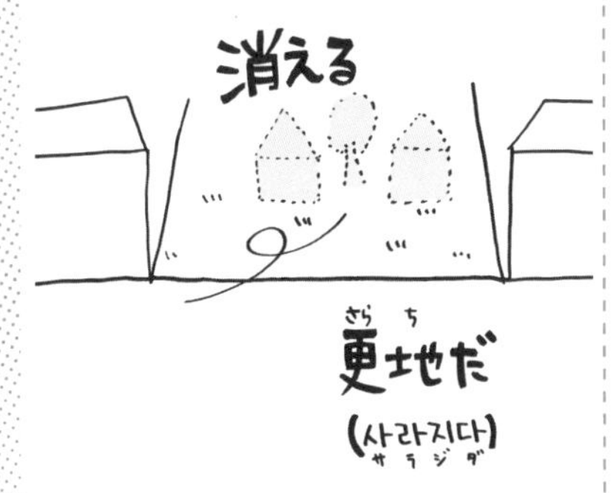

家が消えて、更地だ

家も木も何もかも消えて、更地になったらびっくりです！

こんぶPOINT

正確な発音は「チ」を「ヂ」に変えて、「サラヂダ」です。
カタカナの読みは「サラジダ」ですが、「サラジダ」も「サラヂダ」も同じ発音ですね。

例文

괴도 루팡이 연기처럼 사라지다.
クェド ルパンイ ヨンギチョロㇺ サラジダ
→怪盗ルパンが煙のように消える。

129 | 記者

기자

［キジャ］

キザな記者

記者は政治家などにコメントを求めたりするとき、テレビに少し映ります。取材より自分の姿を気にしているキザな記者がいたら嫌ですね。

こんぶPOINT

正確な発音は「キジャ」ですが、韓国語には「ザ」の発音がないので、韓国人にとって日本語の「ザ」は韓国語の「ジャ」に近い音に聞こえます。

例文

기자는 취재한 내용을 기사로 썼어요.
キジャヌン チュィジェハン ネヨンウㇽ キサロ ソッソヨ
→記者は取材した内容を記事に書きました。

130 | 技術

기술

［キスㇽ］

技術をスル

この会社からあの会社へ……技術をスッたりスラれたり。技術は価値のあるものなんですね。

こんぶPOINT

「ル」はパッチムなので、はっきり発音しません。「キス」といった後に、舌を口の中の天井部分に当てるだけです。
カタカナ読みは「キスㇽ」ですが「ギスㇽ」にも聞こえる音です。

例文

그녀는 대단한 기술을 가지고 있어요.
クニョヌン テダナン キスルㇽ カジゴ イッソヨ

→彼女はすごい技術を持っています。

131 | 規則

규칙

［キュチㇰ］

キュウリとちくわの規則

学校の中にある不思議な規則……。お弁当にちくわにチーズの「チーチク」はよくても、ちくわにキュウリの「キュチク」はダメ！　というもの（もちろん、ゴロのためのフィクションです）。

こんぶPOINT

「ク」はパッチムなので軽く発音され、「キュチッ」にも聞こえる音です。

例文

규칙적인 생활을 하자.
キュチㇰチョギン センファルㇽ ハジャ

→規則的な生活をしよう。

便利フレーズ

132 | 汚い

더럽다

［トロプタ］

汚い 泥ブタ

ブタが泥まみれになって汚くなってしまいました。

こんぶPOINT

発音は「トロプタ」です。「プ」はパッチムなので、「ロ」の後に、汚い泥が口に入らないように唇を素早くギュッと閉じます。そのあと「タ」です。「トロッタ」にも近い音です。
カタカナ読みは「トロプタ」ですが、「ドロプタ」でも通じます。

例文

신발에 진흙이 묻어서 더럽다.
シンバレ チヌルギ ムドソ トロプタ
→靴に泥がついて汚い。

便利フレーズ

133 | きつい

독한

［トカン］

きついお酒でドッカン！

度数の高いきついお酒を飲んだ瞬間、ドッカン!! ほかにも、ニコチンやタール量の多いタバコや、臭いおならにも使えます。

こんぶPOINT

カタカナの読みは「トカン」ですが、「ドッカン」に近い音です。基本形は**독하다**（トカダ）です。
독한の後ろには名詞が来ます。**독한 술**（トカン スル）は「きついお酒」です。

例文

독한 방귀 냄새가 나요.
トカン パングィ ネムセガ ナヨ
→きついおならの臭いがします。

か

2

134 | キツネ

여우

[ヨウ]

キツネで酔う

キツネが化けた女に男が酔っています。韓国では女の人を「キツネ」ということがあります。それは、キツネは臨機応変で賢く、男の人をもてあそぶイメージがあるからです。韓国人男性が好きなタイプでもあり、嫌いなタイプでもあります。どちらにせよ、キツネのような女性に酔う男性は多いのかも？

例文

여우 같은 여자를 조심해.
ヨウ カトゥン ニョジャルル チョシメ

→キツネみたいな女に気をつけて。

135 | キノコ

버섯

[ポソッ]

キノコがボソボソ

キノコって軸の部分がボソボソしています。料理をするとき、水で洗うとボソボソっとなるので散らかっちゃいます。だから、キノコはボソです。

こんぶPOINT

カタカナの読みは「ポソッ」ですが、「ボソッ」でも通じます。

例文

점심으로 버섯전골을 먹었어요.
チョムシムロ ポソッチョンゴルル モゴッソヨ

→昼ご飯にキノコ鍋を食べました。

136 | 希望

희망

[ヒマン]

希望は肥満

韓国のアイドルってとっても細いです。希望はスターになることより、たくさん食べて肥満になることかも?! こんぶパンは、アイドル志望の練習生に日本語を教えていたことがあるのですが、食事が1日に何粒かのアーモンドという子もいました。びっくりです！

例文

아직 희망이 있으니 포기하지 마.

アジㇰ ヒマンイ イッスニ ポギハジ マ

→まだ希望があるから諦めるな。

137 | 黄身

노른자

[ノルンジャ]

黄身よ、乗るんじゃ！

卵かけご飯をしようしたら、黄身が滑るので、「乗るんじゃ！」と叫んでいます。ちなみに韓国では生卵を好んで食べないので、卵かけご飯もあまりしません。

こんぶPOINT

白身は**흰자**（ヒンジャ）です。
계란 노른자（ケラン ノルンジャ）「卵の黄身」というと、より伝わりやすくなります。

例文

계란 흰자보다 노른자를 좋아해요.

ケラン ヒンジャボダ ノルンジャルㇽ チョアヘヨ

→卵の白身より黄身が好きです。

138 | キムチ作り

김장

［キムジャン］

キムチをじゃんじゃん漬ける、キムチ作り

韓国語にはキムチを漬けるという行為を表す単語があり、それを**김장**（キムジャン）といいます。冬に入る前に親戚などで集まって漬けます。大量の白菜をじゃんじゃん漬けます。

例文

올해는 김장을 많이 했어요.
オレヌン キムジャンウル マニ ヘッソヨ

→今年は**キムチ作り**をたくさんしました。

139 | 牛肉

소고기

［ソゴギ］

牛肉食べたら牛が総攻撃

韓国といえば焼肉にプルコギに牛肉料理がおいしいですね。食べすぎちゃって、牛から総攻撃にあうかも？

こんぶPOINT

発音は「そうこうげき」ではなく「ソゴギ」です。何となくの音の並びを覚えてみてください。**소**（ソ）は「牛」、**고기**（ゴギ）は「肉」です。

例文

소고기로 불고기를 만들어요.
ソゴギロ プルゴギルル マンドゥロヨ

→**牛肉**でプルコギを作ります。

飲み物

140 | 牛乳

우유

［ウユ］

牛乳は牛の湯

牛乳で牛乳風呂をしています。すべすべになりそうです。

こんぶPOINT

「イチゴ牛乳」は**딸기우유**（タルギウユ）、「バナナ牛乳」は**바나나우유**（パナナウユ）です。
カタカナの読みは「ウユ」ですが、「ウーユー」という風に発音すると伝わりやすいです。

例文

목욕탕에서 우유를 사 먹어요.
モギョㇰ タンエソ ウユルㇽ サ モゴヨ
→**銭湯で牛乳を買って飲みます。**

食べ物

141 | きゅうり

오이

［オイ］

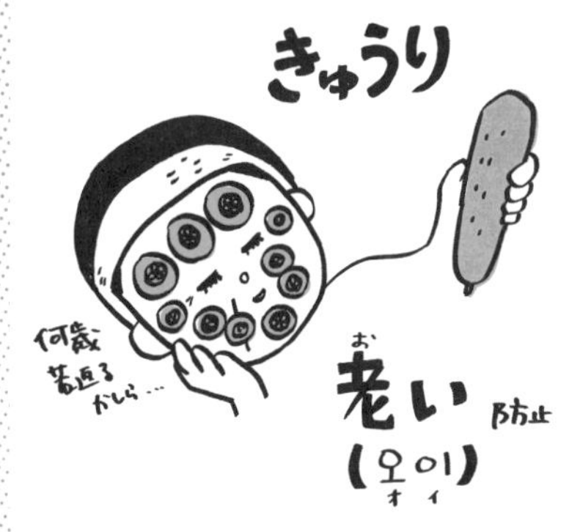

きゅうりで老い防止

韓国できゅうりの使い道といえば、パックです！　銭湯でも寝転がってきゅうりを貼っているおばちゃんがいます。きゅうりで老い防止です。

こんぶPOINT

韓国のきゅうりは「白きゅうり」**백오이**（ペゴイ）と青きゅうり**청오이**（チョンオイ）がありますが、パックには水分の多い白きゅうりを使います。

例文

오이로 오이소박이김치를 만들어요.
オイロ オイソバギキㇺチルㇽ マンドゥロヨ
→**きゅうりできゅうりキムチを作ります。**

職業

142 | 教師

교사

[キョサ]

教師の差で成績が変わる?

有名なカリスマ教師に習った途端に成績アップ!? ……になったらいいですねぇ。

こんぶPOINT

「先生」を呼ぶときは**선생님**(ソンセンニム)です。職業を伝えるときは**교사**(キョサ)といいます。日本語の「先生」と「教師」と同じ使い分けです。

例文

한국에서 교사는 직업으로서 인기가 있어요.

ハングゲソ キョサヌン チゴブロソ インキガ イッソヨ

→韓国で教師は職業として人気があります。

教育

143 | 教室

교실

[キョシㇽ]

教室は今日知るところ

「教室は間違うところだ!」と、先生がよくいっていましたが、それはつまり教室は「今日知る」ところだからです。今日初めて知るから間違えるんです。

こんぶPOINT

「ル」はパッチムなので、「キョシ」といった後、舌を口の中の天井部分に当てます。

例文

날씨가 좋으니까 교실보다 밖에서 수업하자.

ナㇽシガ チョウニッカ キョシㇽボダ パケソ スオパジャ

→天気がいいから教室より外で授業しよう。

職業

144 | 教授

교수

［キョス］

教授は社会的に強っす

韓国で教授は社会的強者です。日本とは比べ物にならない強者っぷりです。「つよい」ではなく「きょう」と音読みで覚えてください。

こんぶPOINT

カタカナの読みは「キョス」ですが、やや伸ばして「キョース」というと通じやすいです。
韓国で大学の先生を呼ぶときは、教授に様をつけた「**교수님**（キョスニム）」と呼びます。

例文

그 교수님 수업은 과제가 많아요.
ク キョスニム スオプン クァジェガ マナヨ

→**その教授の授業は課題が多いです。**

日常生活

145 | 拒否する

거부하다

［コブハダ］

拒否して
コブが肌にできる

拒否したら相手が怒って、コブだらけ。コブ肌になってしまいました。拒否というのは受け取り方によって相手が怒ることもあるので、コブができる可能性も……。

こんぶPOINT

似た意味に「断る」という意味の**거절하다**（コジョラダ）があります。

例文

모든 도움을 거부하다.
モドゥン トウムル コブハダ

→全ての助けを拒否する。

か
2

146 | 着る

입어

［イボ］

いぼいぼを着る

いぼいぼのついた変わったデザインの服を着ます。

こんぶPOINT

基本形は**입다**（イプタ）です。
丁寧に「着ます」というときは**입어요**（イボヨ）といいます。

例文

오늘은 정장 입어.
オヌルン チョンジャン イボ
→今日はスーツを着て。

147 | きれい

이뻐（예뻐）

［イッポ（イェッポ）］

きれいの一歩

韓国人は写真を撮るのが大好き。きれいに撮るためには、足を一歩なんてポーズも自然にこなします。

こんぶPOINT

もともとの基本形は**예쁘다**（イェップダ）です。会話では**이쁘다**（イップダ）ということも多く、最近標準語として認められました。ただ、テストなどでは**예쁘다**で書く方が無難です。
「きれいです」は**요**（ヨ）をつけて**이뻐요**（イッポヨ）といいます。

例文

넌 너무 이뻐(예뻐).
ノン ノム イッポ（イェッポ）
→君はとってもきれい。

148 | 菌

균

[キュン]

菌にキュンキュン

お掃除大好き主婦。菌がありそうなところを見つけては、キュンキュンしながら除菌、殺菌、抗菌します。

こんぶPOINT

「細菌」は**세균**(セギュン)で、「バイキンマン」は**세균맨**(セギュンメン)といいます。

例文

드디어 발견된 신종 균.
トゥディオ バルギョンドェン シンジョン キュン
→とうとう発見された新種の菌。

149 | 金・銀・銅

금, 은, 동

[クム、ウン、トン]

金は「くんくん」、銀は「うーん」、銅は「ドーン」

金は匂いを嗅いでしまいそう。銀は、もう少しで金だったのに残念。銅は何だか気持ちが沈みます。

こんぶPOINT

金は「クム」で「ム」はパッチムなので、「ク」といった後に唇を閉じます。銅はカタカナの読みは「トン」ですが、「ドーン」といった方が通じやすいです。

例文

드디어 금, 은, 동메달 선수가 정해졌어요.
トゥディオ クム ウン トンメダル ソンスガ チョンヘジョッソヨ
→ついに金、銀、銅メダルの選手が決まりました。

植物

150 | 草

풀

[プㇽ]

草がプルプル

草は外にあるので常に風でプルプル震えています。

こんぶPOINT

「ル」はパッチムなので、「プ」といった後に舌を口の中の天井部分に当てるだけです。

例文

소가 풀을 뜯고 있어요.
ソガ プルㇽ トゥッコ イッソヨ
→牛が草を食べています（はんでいます）。

動物

151 | くじら

고래

[コレ]

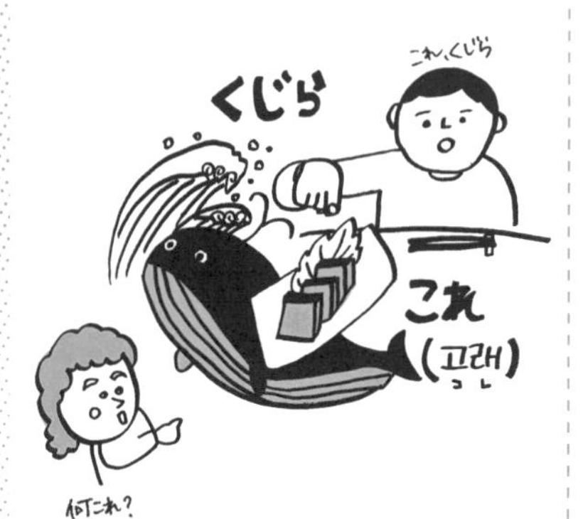

これはくじら

外国人は、日本でくじらの肉が食べられることに驚きます。韓国人も同じで「これ、くじら?!」といっています。

こんぶPOINT

イルカは**돌고래**（トルゴレ）、シャチは**범고래**（ポムゴレ）といいます。

例文

먼 바다에 고래가 보여요.
モン パダエ コレガ ポヨヨ
→遠くの海にくじらが見えます。

152 | 薬

약

［ヤㇰ］

薬は、やっ！

薬は苦いから、やっ!! 大人でも嫌なのに、子供なら絶対やっ!!

こんぶPOINT

発音は「ヤㇰ」で「ク」はパッチムなので、軽く発音します。そのため「ヤッ」にも聞こえます。
風邪薬は**감기약**（カㇺギヤㇰ）、粉薬は**가루약**（カルヤㇰ）、錠剤は**알약**（アㇽリャㇰ）といいます。

例文

약도 많이 먹으면 오히려 몸에 안 좋아요.
ヤㇰト マニ モグミョン オヒリョ モメ アン チョアヨ

→薬もたくさん飲むとむしろ体によくないです。

153 | くたびれる

지쳐

［チチョ］

次長はくたびれる

次長は上司と部下に挟まれ、くたびれる存在ですね。

こんぶPOINT

発音は、「じちょ～」ではなく、短く「ジチョ」といった方が自然です。カタカナ読みで「チチョ」ですが、「ジチョ」にも聞こえます。
「疲れる」「へとへとになる」とも訳せます。
基本形は**지치다**（チチダ）です。
丁寧に「くたびれます」というときは**지쳐요**（チチョヨ）です。

例文

연애는 밀당하면 지쳐.
ヨネヌン ミㇽタンハミョン チチョ

→恋愛は駆け引きしたらくたびれる。

か
2

154 | くつ

신발

［シンバル］

シンバル型のくつ

子供のくつには歩くと音が鳴ったり光ったりするものがあります。そんなイメージでシンバルのようなくつなら、歩くのも楽しそうですね。

こんぶPOINT

「靴」を구두（クドゥ）ともいいますが、これは革靴やヒールの靴などをいいます。

例文

신발 끈이 풀렸어요.
シンバル クニ プルリョッソヨ
→靴ひもがほどけました。

155 | 靴下

양말

［ヤンマル］

靴下はやんなる

靴下って片方なくなったり、穴が開いていたり、履くときに嫌になること多いです。ゴロをとっかかりに、「やんなる」を「やんまる」に変換してください。

こんぶPOINT

発音は「ヤンマル」で、「ル」はパッチムなので、「マ」をいった後、舌を口の中の天井部分に当てるだけです。

例文

구멍 난 양말을 신고 있어요.
クモン ナン ヤンマルル シンコ イッソヨ
→穴の開いた靴下を履いています。

自然

156 | 雲

구름

［クルム］

雲をくるむ

雲をくるんで持って帰ってみたいですね。

こんぶPOINT

「ム」はパッチムなので、はっきり発音しません。「クル」といった後に唇を閉じるだけです。

例文

오늘은 구름 한 점 없는 맑은 하늘이네요.
オヌルン クルム ハン チョム オムヌン マルグン ハヌリネヨ

→今日は雲ひとつない澄んだ空ですね。

昆虫

157 | 蜘蛛（くも）

거미

［コミ］

蜘蛛がゴミ掃除

最近は蜘蛛の巣に虫ではなく、ゴミがひっかかるようです。かわいそうなので、ゴミはゴミ箱へ捨てましょう。

こんぶPOINT

カタカナの読みは「コミ」ですが、「ゴミ」にも聞こえます。
「蜘蛛の糸」や「蜘蛛の巣」は**거미줄**（コミジュル）といいます。

例文

거미가 거미줄을 만들었어요.
コミガ コミジュルル マンドゥロッソヨ

→蜘蛛が蜘蛛の巣を作りました。

か
2

158 | 悔しい

억울하다

［オグラダ］

悔しい！ 残っているのは小倉だ！

水ようかん、抹茶を狙っていたのに小倉しか残ってないなんて、悔しいです！

こんぶPOINT

억울하다（オグラダ）は自分がやってないのに、自分のせいにされて悔しいときによく使われます。

例文

엄마가 동생 편만 들어줘서 억울하다.
オムマガ トンセン ピョンマン トゥロジュォソ オグラダ

→お母さんが妹（弟）の味方ばかりして悔しい。

159 | ぐるぐる

빙빙

［ピンビン］

ぐるぐると瓶を回す

ぐるぐると瓶を回す謎の遊び。ビンビンビンビン！

こんぶPOINT

カタカナの読みは「ピンビン」ですが、「ビンビン」とも聞こえます。
「ぐるぐる回る」は**빙빙 돌다**（ピンビントルダ）といいます。

例文

선풍기가 빙빙 돌아가요.
ソンプンギガ ピンビン トラガヨ

→扇風機がぐるぐる回ります。

160 | 車

차

［チャ］

車で茶を飲む

スポーツカーに乗ってかっこよく茶を飲んでいます。韓国で車は日本よりも、社会的地位の象徴として見られることが多いです。そのため、高そうな車がたくさん走っています。

こんぶPOINT

自動車は**자동차**（チャドンチャ）、乗用車は**승용차**（スンヨンチャ）、軽自動車は**경차**（キョンチャ）です。

例文

차 타고 집에 가요.
チャ タゴ チベ カヨ

→車に乗って家に行きます。

161 | グレープフルーツ

자몽

［チャモン］

グレープフルーツじゃもん！

「～じゃもん」という方言の人が韓国に行ったら、きっとグレープフルーツが出ます。だって、じゃもんはグレープフルーツじゃもん！

こんぶPOINT

カタカナの読みは「チャモン」ですが、「ヂャモン」つまり「ジャモン」にも聞こえます。

例文

카페에서 자몽에이드를 주문했어요.
カペエソ チャモンエイドゥルル チュムネッソヨ

→カフェでグレープフルーツエードを注文しました。

162 | クローゼット

옷장

［オッチャン］

クローゼットの中におっちゃんが

クローゼットの中におっちゃんがいたら怖いですね。

こんぶPOINT

옷（オッ）は服（412）、**장**（チャン）は入れ物を意味します。
「ハンガー」は**옷걸이**（オッコリ）です。

例文

새로 산 옷을 옷장에 걸어 놓았어요.
セロ サン オスル オッチャンエ コロ ノアッソヨ

→新しく買った服をクローゼットにかけておきました。

163 | 毛

털

［トル］

毛を取る

毛は抜け落ちるので、取ります。コロコロと粘着テープで取りましょう。

こんぶPOINT

「ル」はパッチムなので、「ト」といった後に舌を口の中の天井部分に当てるだけです。
人の毛にも動物の毛にも使えます。髪の毛から手足の毛、すべて**털**（トル）です。

例文

다리털을 밀었어요.
タリトルル ミロッソヨ

→足の毛を剃りました。

164 | 月火水木金土日

월화수목금토일

［ウォル・ファ・ス・モㇰ・クㇺ・ト・イㇽ］

ゴル ファー 水 木 君 と いる

曜日を覚えるときは、ゴルファーを思い浮かべてください。ゴルファーが平日の水木もあなたと一緒にいてくれます。

こんぶPOINT

「月火」の正確な発音は「ゴルファー」ではなく「ウォルファ」です。「金」は「君」ではなく금（クㇺ）です。

例文

1주일은 월화수목금토일 7일이 있어요.
イㇽチュイルン ウォルファスモㇰクㇺトイㇽ チリリ イッソヨ

→1週間は月火水木金土日の7日あります。

165 | 健康

건강

［コンガン］

健康を懇願（こんがん）する

健康というのは、病気になってからその大切さに気付きます。そして、健康を懇願します。

こんぶPOINT

「健康診断」は건강검진（コンガンコㇺジン）といいます。漢字では健康検診と書きます。

例文

건강 조심하고 잘 지내.
コンガン チョシマゴ チャㇽ チネ

→健康に気をつけて元気に過ごしてね。

166 | 恋人

연인

［ヨニン］

恋人は4人

恋人は4人？　いえいえ、韓国語で恋人は1人でも「ヨニン」なんです。

こんぶPOINT

恋人には**연인**（ヨニン）と**애인**（エイン）があります。**연인**（ヨニン）はニュースや公の場所で、**애인**（エイン）は会話やプライベートな場所で使われることが多いです。

例文

여기는 연인들이 자주 오는 곳이에요.
ヨギヌン ヨニンドゥリ チャジュ オヌン ゴシエヨ

→ここは恋人たちがよく来るところです。

167 | 高速道路

고속도로

［コソットロ］

高速道路にコソ泥

高速道路にコソ泥出現！　実際、韓国の高速道路で誰かが落として舞い散ったお金をコソ泥しているニュースがありました。

こんぶPOINT

日本語でそのまま「高速道路」といっても発音が似ているので通じます。ただ、「こ～そくど～ろ」ではなく、「こそくどろ」のように短めにいうのがポイントです。

例文

휴가철에는 고속도로가 막혀요.
ヒュガチョレヌン コソットロガ マキョヨ

→休暇の時期（バカンスシーズン）は高速道路が混みます。

168 | 紅茶

홍차

［ホンチャ］

ほんじゃ、紅茶

「コーヒーと紅茶どっちにしますか？」と聞かれることあります。朝、コーヒーを飲んできたから、「（次は）ほんじゃ紅茶！」で。

こんぶPOINT

茶は韓国語でも**차**（チャ）なので、**홍**（ホン）を覚えることがポイントです。「ホンジャ」は「ホンヂャ」とも書けます。すると、濁点を取るだけで「ホンチャ」になりますね。

例文

그럼 저는 홍차 주세요.
クロム チョヌン ホンチャ チュセヨ

→それじゃあ、私は紅茶ください。

169 | 交通

교통

［キョトン］

交通がわからなくてキョトン

交通のルールは各国で違います。切符の買い方や乗り方まで全部違うと、キョトンとしちゃいます。

こんぶPOINT

韓国では**교통카드**（キョトンカドゥ）「交通カード」が便利です。日本のSuicaのようなカードで、チャージするだけで地下鉄やバス（一部地域除く）の乗り降りができて便利です。

例文

교통카드 충전해 주세요.
キョトンカドゥ チュンジョネ ジュセヨ

→交通カード、チャージしてください。

170 | こうやって、そうやって、ああやって

이렇게, 그렇게, 저렇게

[イロケ、クロケ、チョロケ]

こうやって、そうやって、ああやって、具体的には色気・黒毛・ちょろ毛かな

どうやって好きな男の子を落としたのか聞くと……。

こんぶPOINT

実際には「ケ」が息を吐きだして発音する音なので、「イロッケ」「クロッケ」「チョロッケ」にも聞こえます。

例文

이렇게 예쁜 여자는 처음 봐요.
イロケ イェップン ニョジャヌン チョウム ポァヨ
→こんなにきれいな女の人は初めて見ます。

171 | 攻略

공략

[コンニャク]

攻略すべきものはこんにゃく

何かを攻略するとき、簡単に見えるものの方が難しかったりします。こんにゃくも弱そうでじつは弾力があるので、攻略するのは難しいのです（という映画があったらおもしろいな）。

例文

쉬운 단어부터 공략하자.
シュィウン タノブト コンニャカジャ
→簡単な単語から攻略しよう。

172 | 交流

교류

［キョリュ］

恐竜と交流

小さいとき、恐竜と交流したいと思ったことありませんか？　交流と恐竜って似ています。興味はあるけれど、ちょっと怖い。でも、きっと恐竜ほど怖くないです。恐れず交流しましょう。

こんぶPOINT

カタカナの読みは「キョリュ」ですが、「キョーリュー」にも聞こえます。

例文

내일 한일교류 행사가 있어요.
ネイル ハニルキョリュ ヘンサガ イッソヨ

→明日、日韓交流行事があります。

173 | コーヒー

커피

［コピ］

コーヒーをコピー

韓国では水よりコーヒーをよく飲むといってもいいかもしれません。カフェで売れているコーヒー豆を買ってきて、家でもお店の味をコピーしてコーヒーをいれましょう。

こんぶPOINT

発音は「コピ」と短くいうと自然です。
コーヒーの커（コ）は「ア」の口の形で「コ」というのがポイントです。

例文

커피 한 잔 주세요.
コピ ハン ジャン チュセヨ

→コーヒー1杯ください。

174 | コーラ

콜라

［コルラ］

コーラがおこるラ

コーラはプシュッと泡が出てきて、いつも怒っています。

こんぶPOINT

普通に「コーラ」といっても通じますが、**콜라**（コルラ）と「コ」と「ラ」の間に「ル」のパッチムがあることを覚えるためのゴロです。

例文

콜라에 김이 빠졌어요.
コルラエ キミ パジョッソヨ

→コーラの炭酸が抜けました。

175 | 苔（こけ）

이끼

［イッキ］

苔を一気飲み！

苔を青汁のように一気飲み！　こんぶパンは苔を覚えるために、青汁を苔だと思って一気飲みして覚えました。実際に行動と一緒に覚えるのも習得のコツです！

こんぶPOINT

「苔が生える」は**이끼가 끼다**（イッキガキダ）といいます。

例文

돌에 이끼가 껴 있어요.
トレ イッキガ キョ イッソヨ

→石に苔が生えています。

176 | ここ

여기

［ヨギ］

ここは代々木

今、あなたのいる「ここ」がどこであったとしても、ここは東京の「代々木」です。

こんぶPOINT

発音は「ヨギ」です。「ヨ」をひとつ取ってください。

例文

여기가 어디예요?
ヨギガ オディエヨ

→ここはどこですか？

177 | 午後

오후

［オフ］

午後はオフ

午後はオフで、仕事が休みだったらいいですね。でも、韓国なら午後はオフです！　仕事はしないといけませんが……。

こんぶPOINT

午前は**오전**（オジョン）です。

例文

오후에 시간이 있어요.
オフエ シガニ イッソヨ

→午後、時間あります。

178 | 心

마음

［マウム］

心は魔生む

心は天使のような良心もある反面、時に魔をも生みます。魔生むです。

こんぶPOINT

「ム」はパッチムなので、「マウ」といった後で唇を閉じるだけです。

例文

마음과 마음이 통하면 행복해요.
マウムグァ マウミ トンハミョン ヘンボケヨ

→心と心が通じれば幸せです。

179 | ごちそうさまでした

잘 먹었어요

［チャル モゴッソヨ］

ごちそうさまでした。JALもごちそうよ

飛行機の機内食を食べ比べ、「JALもごちそうよ！」といっています。

こんぶPOINT

カタカナの読みは「チャル」ですが、「ヂャル」でも通じます。JALは「ジャル」ですが、イラストではわかりやすく「ヂャル」と書いています。
より丁寧にいうときは**잘 먹었습니다**（チャル モゴッスムニダ）です。

例文

점심 잘 먹었어요.
チョムシム チャル モゴッソヨ

→お昼ごちそうさまでした。

180 | こちょこちょ

간질간질

［カンジルガンジル］

こちょこちょで感じる感じる

くすぐるとき、「こちょこちょ」といいながらくすぐりますね。韓国語では**간질간질**（カンジル ガンジル）といってくすぐります。

こんぶPOINT

「むずむず」という意味もあります。「こちょこちょする」「むずむずする」は**간질간질하다**（カンジルガンジラダ）です。

例文

아기 발을 간질간질 간지럽힌다.
アギ パルル カンジルガンジル カンジロピンダ

→赤ちゃんの足をこちょこちょくすぐる。

181 | 国旗

국기

［クッキ］

国旗のクッキー

国旗のクッキーなら、楽しく勉強できそうです。

こんぶPOINT

発音は「クッキー」と伸ばさず、短く「クッキ」が自然です。カタカナの読みは「クッキ」ですが、パッチムの「ク」を意識せず「クッキ」と発音しましょう。

例文

국기가 바람에 펄럭인다.
クッキガ パラメ ポルロギンダ

→国旗が風にはためく。

182 | 今年

올해

［オレ］

今年はオレの年

今年こそはオレの年にするぞ!!
と気合が入っています。

こんぶPOINT

実際には「オレ」にも「オルヘ」にも聞こえる、中間くらいの発音になります。この単語ひとつだけいうときは「オルヘ」といった方が通じやすいです。文章の中で使うときは、「オレ」で通じます。

例文

올해 마흔 살입니다.
オレ マフン サリムニダ

→今年、40歳です。

183 | 言葉

말

［マル］

言葉は丸く

言葉が丸くてやさしいものなら、
相手からの言葉も思いやりのある
丸い言葉が返ってきますよね。

こんぶPOINT

韓国語には**가는 말이 고와야 오는 말이 곱다**（カヌン マリ コワヤ オヌン マリ コプタ）という、直訳するなら「行く言葉が美しくてこそ来る言葉が美しい」ということわざがあります。そんなイメージで描いたイラストとゴロです。

例文

말보다 행동으로 보여 줘야지.
マルボダ ヘンドンウロ ポヨ ジュォヤジ

→言葉より行動で見せないと。

184 | 子供

아이

［アイ］

子供には愛を

子供には何よりも愛が必要です。だから子供は愛です。

こんぶPOINT

「子供」には**아이**（アイ）と**어린이**（オリニ）があります。自分の子供をいうときは**어린이**（オリニ）ではなく**아이**（アイ）を使います。

例文

아이가 몇 명 있어요?
アイガ ミョン ミョン イッソヨ

→子供は何人いますか？

185 | 粉

가루

［カル］

粉は軽い

粉は舞うように軽いから、**가루**（カル）です。

こんぶPOINT

고춧가루（コチュッカル）は唐辛子粉、**콩가루**（コンカル）はきな粉、**밀가루**（ミルカル）は小麦粉です。

例文

가루 녹차가 마시기 편해요.
カル ノㇰチャガ マシギ ピョネヨ

→粉のお茶（緑茶）が飲みやすいです。

186 | この・その・あの

이, 그, 저

［イ、ク、チョ］

この・その・あの

行くぢょ！
（이·그·저）
イ ク チョ

この・その・あの……韓国語の勉強、行くぢょ！

韓国語を勉強するとき、まず初めに習うは「この・その・あの」です。気合を入れて「行くぢょ～！」。

こんぶPOINT

「**저**（チョ）」はカタカナの読みは「チョ」ですが、「ヂョ」でも通じます。

例文

내가 찾던 사람은 이 사람도 저 사람도 아닌 그 사람이다.

ネガ チャットン サラムン イ サラㇺド チョ サラㇺド アニン ク サラミダ

→私が探していた人はこの人でもあの人でもない、その人だ。

187 | 小腹がすいた

출출하다

［チュㇽチュラダ］

小腹がすいたときはちゅるちゅる派だ

小腹がすいたとき、麺類が食べたくなりませんか？　そんなあなたはちゅるちゅる派だ！

こんぶPOINT

「ちゅるちゅる派だ」と「だ」も入れて**출출하다**です。
カタカナの読みは「チュㇽチュラダ」ですが、「チュㇽチュㇽハダ」でも通じます。

例文

저녁을 일찍 먹었더니 출출하다.

チョニョグㇽ イㇽチㇰ モゴットニ チュㇽチュラダ

→夕食を早く食べたら小腹がすいた。

便利フレーズ

188 | ご飯食べましたか？

밥 먹었어요?

［パム モゴッソヨ］

ご飯たべましたか？ パンもごちそうよ

韓国では、パンは食事ではないと考える人もいるので、「ご飯を食べたか？」という質問に、パンを食べたと答えると「それはご飯じゃない！」といわれるかも？

こんぶPOINT

「ちゃんと食べてる?」「元気?」というニュアンスもあります。

例文

"밥 먹었어요?" 라고 안부를 물어요.
パム モゴッソヨ ラゴ アンブルル ムロヨ

→「ご飯食べましたか？」と安否を尋ねます。

からだ

189 | 拳（こぶし）

주먹

［チュモク］

拳は樹木で鍛えろ！

もしあなたが拳を鍛える必要があるなら、樹木に打ち付けて鍛えましょう！

こんぶPOINT

カタカナの読みは「チュモク」ですが、「ヂュモク」でも通じます。つまり「ジュモク」でも通じます。
주먹밥（チュモクパプ）と後ろに**밥**（パプ）「ご飯」をつけると、「おにぎり」という意味になります。

例文

주먹을 꽉 쥐었어요.
チュモグル クァク チュィオッソヨ

→拳をぎゅっと握りました。

190 | ごまをする

아부 떤다

［アブ トンダ］

ごまをするため、アブ飛んだ

社長に向かって、ごまをすりに虫たちが飛び立ちました！ どんな虫が飛んだ？ アブ飛んだ！

こんぶPOINT

떤다（トンダ）の基本形は**떨다**（トルダ）です。
아부（アブ）は「おべっか」「こびること」という意味です。

例文

저 사람은 항상 아부 떤다.
チョ サラムン ハンサン アブ トンダ

→あの人はいつもごまをする。

191 | 米

쌀

［サル］

米を猿に食べられる

せっかく収穫して取っておいた米を猿に食べられちゃいました。猿が米蔵に入ったようです。

こんぶPOINT

より正確な発音は「ッサル」です。米を取られて悔しそうに、「ッサル」というとネイティブ風です。
「米」は**쌀**（サル）、炊いた「ご飯」は**밥**（パプ）です。

例文

시골에서 쌀농사를 지어요.
シゴレソ サルロンサルル チオヨ

→田舎で米作りをします。

192 | ごめんなさい

미안해요

[ミアネヨ]

みやねさん、ごめんなさい

みやねさんにごめんなさいと謝りましょう。

こんぶPOINT

発音は「ミアネヨ」ですが、「ミヤネヨ」といっても似ているので通じます。「すみません」の**죄송합니다**（チュェソンハムニダ）より軽い感じの謝り方です。

例文

아까는 미안해요.

アッカヌン ミアネヨ

→さっきはごめんなさい。

193 | 昆布

다시마

[タシマ]

昆布はだし魔

だしをよく出す、「だし魔」といえば昆布。いつも大活躍です。もちろん韓国でも昆布はよく使われるだしの食材、だし魔です。

こんぶPOINT

カタカナの読みは「タシマ」ですが、「ダシマ」にも聞こえます。

例文

된장국은 다시마로 육수를 내서 만들어요.

トェンジャンクグン タシマロ ユㇰスルㇽ ネソ マンドゥロヨ

→味噌汁は昆布でだしを取って作ります。

さ行

便利フレーズ

194 | 最後に

마지막으로

［マジマグロ］

最後に まじマグロ

釣りに行って、無理だと思っていたのに、最後にまじでマグロが釣れました！　ヤッター！

こんぶPOINT

「最後」は**마지막**（マジマㇰ）です。それに**으로**（ウロ）をつけて、**마지막으로**（マジマグロ）にすると、「最後に」になります。

例文

마지막으로 면세점에 갔어요.
マジマグロ ミョンセジョメ カッソヨ
→**最後に**免税店に行きました。

195 | 逆さ

거꾸로

［コックロ］

逆さで告ろ

男性から女性ではなく、逆さで女性から男性へ告白しても、いいじゃない！

こんぶPOINT

発音は「コックロ」です。

例文

옷을 앞뒤 거꾸로 입었어요.
オスル アプトゥィ コックロ イボッソヨ

→服を後ろ前逆さに着ました。

196 | 魚（生物としての魚）

물고기

［ムルコギ］

魚がプルコギを食べる

魚を釣るときはプルコギを餌にすると釣れるかも？　プルコギの「プ」を「ム」に変えると「魚」という意味になります。**물**（ムル）は水、**고기**（コギ）は肉という意味で、「水の肉」で「魚」です。

こんぶPOINT

プルコギの**불**（プル）は火という意味です。

例文

바다에는 다양한 물고기가 살고 있어요.
パダエヌン タヤンハン ムルコギガ サルゴ イッソヨ

→海にはさまざまな魚が住んでいます。

197 | 魚（食用）

생선

［センソン］

魚を奪い合って戦争!?

一匹の魚を取り合って戦争状態!? 韓国では魚を箸で突っつき合って食べることが多いです。1匹の魚をほぐしあいながらみんなで食べます。そのため、取り合いになることも!?

こんぶPOINT

正確な発音は「センソン」です。

例文

생선은 가시가 많아서 먹기 힘들어요.
センソヌン カシガ マナソ モッキ ヒムドゥロヨ

→魚は小骨が多くて食べにくいです。

198 | 魚のすり身揚げ（ホットバー）

핫바

［ハッパ］

魚のすり身揚げは葉っぱといって食べる

韓国人に葉っぱを食べようといわれたらぜひ！　コンビニ、屋台で食べられます。

こんぶPOINT

英語で「hot bar」の発音が「ハッパ」になります。

例文

고속도로 휴게소에서 핫바를 사 먹어요.
コソクトロ ヒュゲソエソ ハッパルル サ モゴヨ

→高速道路のサービスエリア（休憩所）で魚のすり身揚げを買って食べます。

人

199 | 詐欺師

사기꾼

［サギックン］

かわいい詐欺師の詐欺君

嘘つきは泥棒の始まりというように、子供の詐欺君はかわいいけれど、大きくなって詐欺師になるかもしれないので要注意。

こんぶPOINT

꾼（クン）は何かを専門で行う人を意味します。

例文

사기꾼한테서 보이스피싱 전화가 왔어요.

サギックナンテソ ポイスピシン チョヌァガ ワッソヨ

→詐欺師から振り込め詐欺の電話が来ました。

副詞

200 | 先に

먼저

［モンジョ］

先に もんじゃ

お好み焼きともんじゃ焼きが食べられるお店で両方注文したら、どちらを先に作って食べますか？　私はもんじゃ！　韓国語を勉強するなら、先にもんじゃを注文しましょう！

こんぶPOINT

発音は「モンジョ」です。

例文

먼저 가세요.

モンジョ カセヨ

→先に行ってください。

植物

201 | 桜

벚꽃

［ポッコッ］

桜を見てぽっこり

花より団子。桜を見にきたのに、お腹がぽっこりです。

こんぶPOINT

発音は「ポッコッ」です。

例文

주말에 같이 벚꽃 구경하러 가요.
チュマレ カチ ポッコッ クギョンハロ カヨ

→週末、一緒に桜見物（花見）に行きましょう。

飲み物

202 | 酒

술

［スル］

酒にはスルメ

酒にはスルメが最高！　韓国でもお酒のお供にスルメを食べることがあります。日本と少し違うのはコチュジャンをつけて食べることです。

こんぶPOINT

発音は「スル」です。「ル」はパッチムなので「ス」といった後に、舌を口の中の天井部分に当てるだけです。

例文

오늘 술 한잔 어때요?
オヌル スル ハンジャン オッテヨ

→今日、お酒一杯どうですか？

食べ物

203 | サツマイモ

고구마

[コグマ]

子ぐまはサツマイモ好き

サツマイモが好きな子ぐまが冬眠の準備でしょうか？　サツマイモを取っています。

こんぶPOINT

韓国にも「大学芋」がありますが**고구마 맛탕**（コグマ マッタン）といいます。

例文

고구마는 김치랑 같이 먹으면 맛있어요.
コグマヌン キムチラン カチ モグミョン マシッソヨ

→ サツマイモはキムチと一緒に食べるとおいしいです。

気候

204 | 寒さ

추위

[チュウィ]

寒さに注意

冬の韓国旅行は寒さに注意です。韓国の冬は氷点下で、ソウルにある大きな漢江（はんがん）という川も凍る寒さです。

こんぶPOINT

「寒い」は**춥다**（チュプタ）です。

例文

벌써 추위가 찾아왔어요.
ポルソ チュウィガ チャジャワッソヨ

→ もう寒さがやってきました。

さ
3

205 | 皿

접시

［チョプシ］

チョップしても割れない韓国の皿

韓国のお店に行くと、おかずが載ったお皿がたくさん出てきます。チョップしても割れません。プラスチックなので……。

こんぶPOINT

もちろん陶器のお皿のお店もあるので、それはチョップ禁止です。
「取り皿」は**앞접시**（アプチョプシ）「前の皿」といいます。

例文

조금씩 접시에 덜어 먹어요.
チョグムシク チョプシエ トロ モゴヨ
→少しずつ皿に取って食べます。

206 | 残念だ

아쉽다

［アシュィプタ］

オープンは明日だ。残念だ！

行きたいお店に行ったら閉まっていて、オープンは明日だなんてことありますよね。……残念。

こんぶPOINT

「惜しい」とも訳せます。
発音は「アシタ」ではなく「アシッタ」と弾ませていった方が自然です。より正確な発音は「アシュィプタ」ですが、早くいうと「アシッタ」にも聞こえます。

例文

오늘 못 만나서 아쉽다.
オヌル モン マンナソ アシュィプタ
→今日会えなくて残念だ。

日常生活

207 | 散歩

산책

［サンチェㇰ］

散歩をしながら
山(さん)をチェック

散歩は歩くだけでなく、山や草花を見る楽しみがあります。山を見ながら紅葉はまだかな？　なんて山チェックをしますよね。

こんぶPOINT

発音は「サンチェㇰ」です。「ㇰ」はパッチムなので、軽く発音します。そのため「サンチェッ」にも聞こえます。

例文

같이 산책이나 할까?
カチ サンチェギナ ハㇽカ

→一緒に散歩でもしようか？

教育

208 | 字

글씨

［クㇽシ］

字が苦し……

字を書こうとすると、マスや空白が足りなくて、ぎゅうぎゅうになることあります。「字」は「苦し……」といっているかもしれません。

こんぶPOINT

「ル」はパッチムなので「ク」といった後、舌を口の中の天井部分に当てて、その後「シ」といいます。
「シ」は씨ですが、苦しそうに喉を詰めて「ッシ」というとうまく発音できます。

例文

글씨를 예쁘게 써요.
クㇽシルㇽ イェップゲ ソヨ

→字をきれいに書きます。

209 | 痔(じ)

치질

［チジル］

痔は血汁が出る

日本では３人に1人が痔持ちといいますから、覚えておけばいつか役に立つかもしれません。韓国旅行に行って痔の薬が必要になったら、薬局で「血汁」といいましょう。痔の薬をさっと出してくれます。

例文

치질약 주세요.
チジルリャク チュセヨ

→痔の薬ください。

210 | 塩辛い

짜다

［チャダ］

塩辛い チャーハンだ

チャーハンって、塩辛くなることありますよね。塩を入れすぎたチャーハンを思い出してください。

こんぶPOINT

発音は「ッチャダ」のように、前に小さい「ッ」を入れるとより自然です。

例文

명란젓이 짜다.
ミョンナンジョシ チャダ

→明太子は塩辛い。

便利フレーズ

211 | 時間がある

시간이 있다

[シガニ イッタ]

時間があるから 滋賀に行った

時間があるときは、いつもは行かない場所に行きましょう。大阪、京都、奈良……滋賀にも行こう！

こんぶPOINT

시간이（シガニ）が「時間が」、**있다**（イッタ）が「ある」です。
会話では**시간이 있어**（シガニ イッソ）「時間がある」や**시간이 있어요**（シガニ イッソヨ）「時間があります」といいます。

例文

주말에는 시간이 있다.
チュマレヌン シガニ イッタ
→週末は時間がある。

副詞

212 | しきりに

자꾸

[チャック]

しきりに チャックを確認

以前、チャックが開いていたことがある男性が、しきりにチャックを確認しています。

こんぶPOINT

「ファスナー」は**지퍼**（チポ：zipper）といいます。
「社会の窓（男性のズボンのチャック）」に似た表現は韓国語にもあり、**남대문**（ナムデムン）「南大門」といいます。

例文

시어머니한테서 자꾸 전화가 와요.
シオモニハンテソ チャック チョヌァガ ワヨ
→姑からしきりに電話が来ます。

さ

3

213 | 仕事

일

［イル］

仕事は要る

どんなに仕事をしたくなくても、食べていくためには、仕事は要りますね！

こんぶPOINT

「ル」はパッチムなので、「ル」とはっきり発音せず、「イ」といった後に舌を口の中の天井部分に当てるだけです。

例文

일도 좋지만 건강도 챙기세요.
イルド チョチマン コンガンド チェンギセヨ

→仕事もいいですが、健康にも気を付けてください。

214 | 下

아래

［アレ］

下にあれ？

下ってよく何か落ちてますね。「あれ？」っといいながらのぞいてみましょう。

こんぶPOINT

「下」は**아래**（アレ）以外にも**밑**（ミッ）ともいいます。

例文

아래로 내려가세요.
アレロ ネリョガセヨ

→下に降りて行ってください。

215 | 下着

속옷

［ソゴッ］

ゴソゴソ……ソゴッ！ 下着発見

ゴソゴソゴソ……とずっとくり返してみてください。すると下着を発見できます。

こんぶPOINT

発音は「ソゴッ」です。
속（ソク）は「内」、**옷**（オッ）は「服」。つまり「内に着る服」という意味なので、男性の場合はパンツのことですが、女性はブラジャーとパンツ両方いえます。

例文

백화점에서 예쁜 속옷을 샀어요.
ペクァジョメソ イェップン ソゴスル サッソヨ

→デパートできれいな下着を買いました。

216 | 下敷き

받침

［パッチム］

下敷きはパッチン

韓国語の発音のパッチムのことです。「下敷き」というとわかりにくいですが、**받침**（パッチム）というのは何かを支えるというイメージの単語です。

こんぶPOINT

イラストのような本に挟む下敷きは、**책**（チェク）「本」（433）をくっつけて、**책 받침**（チェクパッチム）といいます。

例文

화분 받침이 깨졌어요.
ファブン パッチミ ケジョッソヨ

→植木鉢の受け皿が割れました。

217 | じっとしている

가만히 있다

［カマニ　イッタ］

じっとしている

釜にいった
(가만히 있다)
カマニ　イッタ

釜にいったが、じっとしている

釜はどっしりとして、常にじっとしていますね。

こんぶPOINT

会話では**가만히 있어**（カマニ イッソ）「じっとしている」や**가만히 있어요**（カマニ イッソヨ）「じっとしています」といいます。韓国では親が子供に**가만히 있어**～！（カマニ イッソ）「じっとしてて」とよくいっているのを聞きます。

例文

그 강아지는 누가 만져도 가만히 있다.
ク カンアジヌン ヌガ マンジョド カマニ イッタ

→その犬は誰が触ってもじっとしている。

218 | しっぽ

꼬리

［コリ］

しっぽはコリコリ

韓国には牛のしっぽのスープ（テールスープ）や煮物があります。コリコリしていておいしいです。

こんぶPOINT

発音は「ッコリ」と前に小さい「ッ」を入れて、よりコリッコリ感を出すと自然な発音になります。

例文

꼬리가 길면 밟힌다.
コリガ キルミョン パルピンダ

→しっぽが長ければ踏まれる（悪事を働いていればいつか捕まるということわざ）。

便利フレーズ

219 | している

하고 있다

[ハゴ イッタ]

羽子板をしている

お正月はもちろん、ずっと羽子板をしている変わった人たちです。

こんぶPOINT

「ハゴイタ」ではなく「ハゴイッタ」と羽子板を弾ませるようなイメージで。
하고 있다というのは「○○している」という意味で、英語でいうならingの現在進行形に当たるものです。
「行っている」は**가고 있다**（カゴ イッタ）、「来ている」は**오고 있다**（オゴ イッタ）といいます。

例文

나는 지금 일을 하고 있다.
ナヌン チグム イルル ハゴ イッタ

→私は今仕事をしている。

日常生活

220 | 自販機

자판기

[チャパンギ]

自販機はジャパン機

韓国人も含め、外国人が日本に行って驚くのは自販機の多さ。外国人から見れば、「自販機」は「ジャパン機」というイメージです。

こんぶPOINT

カタカナの読みは「チャパンギ」ですが、「ヂャパンギ」にも聞こえます。
韓国でも自動販売機と略さない**자동판매기**（チャドンパンメギ）という言葉はありますが、ほとんどの場合略して**자판기**（チャパンギ）といいます。

例文

자판기에서 음료수를 뽑았어요.
チャパンギエソ ウムニョスルル ポバッソヨ

→自販機で飲み物を買いました。

さ
3

便利フレーズ

221 | 自分で

스스로

［ススロ］

自分で すすろ！

子供が今までお母さんに食べさせてもらっていたのに、自分で「すすろ〜」とすすっています。

例文

내 일은 내가 스스로 해요.
ネ イルン ネガ ススロ ヘヨ

→私のことは私が自分でします。

趣味

222 | 字幕

자막

［チャマㇰ］

字幕は邪魔っ！

字幕はときに邪魔になります。映像に集中したいのに、いいところで下に字が入っていると邪魔っ！と思うこともあります。

こんぶPOINT

カタカナの読みは「チャマㇰ」ですが、「ヂャマㇰ」とも聞こえます。
「ク」はパッチムなので軽く発音します。そのため「チャマッ」や「ヂャマッ」にも聞こえます。

例文

자막 없이 영화를 보고 싶어요.
チャマㇰ オㇷ゚シ ヨンファルㇽ ポゴ シポヨ

→字幕なしで映画を見たいです。

会社

223 | 事務所

사무소

［サムソ］

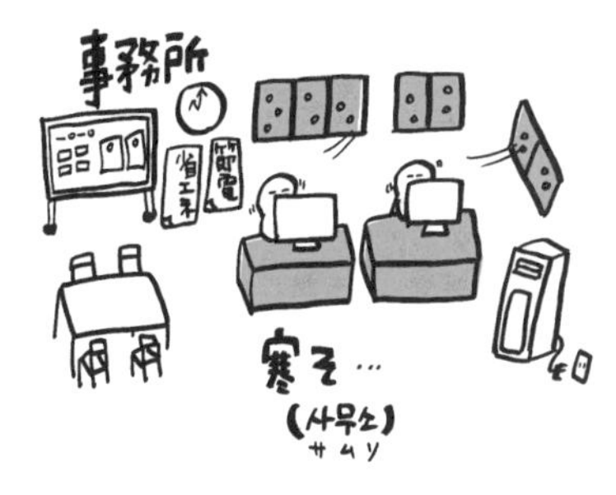

事務所は寒そう

事務所って節電で夏は暑く、冬は寒そうです。韓国語は夏でも冬でも、事務所は寒そうといいます。

こんぶPOINT

発音は「さむそ～」ではなく、短く「サムソ」というと自然です。
「事務室」は**사무실**（サムシル）といいます。

例文

회사 서울 사무소에서 연락이 왔어요.
フェサ ソウル サムソエソ ヨルラギ ワッソヨ
→会社のソウル事務所から連絡が来ました。

状態

224 | じめじめする

습해

［スペ］

じめじめしてて、すっぺ

じめじめすると、食べ物が傷んですっぱいです。すっぺ～！

こんぶPOINT

ハングルで発音通りに書くと**스패**（スペ）になります。「ペ」は息を吐きだして発音する音なので、「スッペ」とも聞こえます。
基本形は**습하다**（スパダ）です。

例文

여름에는 방이 습해.
ヨルメヌン パンイ スペ
→夏は部屋がじめじめしている。

さ
3

自然

225 | 地面

땅

［タン］

地面をタンタンタンと叩く

今、足元にある地面をタンタンタンと叩いてみましょう。地面が韓国語で何というかわからないとき、地面を叩いてみてください。タンタンタンと答えてくれるはずです！

こんぶPOINT

「地面」以外に「土地」という意味もあります。実際の発音は「ッタン」と、叩いた跳ね返りのように弾ませて発音するとうまくいきます。

例文

비 온 뒤에 땅이 굳어진다.

ピ オン トゥィエ タンイ クドジンダ

→雨降って地固まる。

日常生活

226 | 車輪

바퀴

［パクィ］

車輪がパキ

旅行に出かけようと思ったらスーツケースの車輪がパキ！

こんぶPOINT

カタカナの読みは「パクィ」ですが、早くいうと「パキ」や「パッキ」とも聞こえます。

바퀴（パクィ）は「タイヤ」とも訳せる単語です。ただ、車のタイヤは**타이어**（タイオ）といいます。

例文

유모차 바퀴가 빠졌어요.

ユモチャ パクィガ パジョッソヨ

→ベビーカーの車輪が取れました。

227 | シャワー

샤워

［シャウォ］

韓国のシャワーは冷たい、シャウォー！

冷水が出てきてびっくり、シャ、ウォー！　韓国では夏は水でシャワーを浴びる人もたくさんいます。

こんぶPOINT

샤워하다（シャウォハダ）で「シャワーする」です。
韓国では「シャワーする」や「お風呂に入る」を一言で**씻다**（シッタ）「洗う」で表すことが多いです。

例文

샤워하면 개운해요.
シャウォハミョン ケウネヨ
→シャワーすると気持ちいいです。

228 | 修正液

화이트

［ファイトゥ］

修正液はホワイト

修正液の色は白だからホワイト。日本でもそう呼びますね。

こんぶPOINT

正確な発音は「ファイトゥ」です。英語の「white」の韓国語読みです。
「修正液」という漢字を使った**수정액**（スジョンエㇰ）ともいいます。

例文

잘못 쓴 글씨를 화이트로 지워요.
チャルモッ スン クルシルル ファイトゥロ チウォヨ
→間違えて書いた字を修正液で消します。

229 | 舅（しゅうと）

시아버지

［シアボジ］

舅は父の中では Cアボジ

ちょっと苦手なお舅さんだったら、評価はC……。よいお舅さんであっても、ここは辛口にCで！

こんぶPOINT

先に**아버지**（アボジ）（285）を覚えると覚えやすいです。
姑は**시어머니**（シオモニ）（230）で、夫の実家は**시댁**（シデㇰ）といいます。

例文

오늘은 시아버지 생신이에요.
オヌルン シアボジ センシニエヨ

→今日は舅のお誕生日です。

230 | 姑（しゅうとめ）

시어머니

［シオモニ］

姑が嫁を塩もみに

韓国の姑がキムチ漬けのように、嫁を塩もみしています。キャー！

こんぶPOINT

発音は「しおもみ」ではなく、「しおもに」です。ただ、韓国の女性は姑問題に常に悩まされているので、「しおもみ」といってもすぐに**시어머니**（シオモニ）を思い浮かべてくれると思います。

例文

시어머니랑 며느리가 싸웠어요.
シオモニラン ミョヌリガ サウォッソヨ

→姑と嫁が喧嘩しました。

人

231 | 主婦

주부

［チュブ］

主婦はチューブ好き

主婦は、チューブが大好きです。生姜やニンニク、最近は青じそや梅などいろんなチューブがあります。忙しい主婦の味方がチューブです。

こんぶPOINT

短く「チュブ」というと自然な発音になります。

例文

저는 전업주부예요.
チョヌン チョノｯチュブエヨ

→私は専業主婦です。

食べ物

232 | 生姜

생강

［センガン］

生姜を洗顔

韓国の生姜は泥まみれで売られているので、洗顔してきれいにしてから使います。キムチを漬けるときには生姜がたくさん必要なので、大量に洗顔しなければならず、大変なんです！

こんぶPOINT

韓国でよく飲まれる「生姜茶」は생강차（センガンチャ）といいます。

例文

인사동에서 생강차를 시켜 먹었어요.
インサドンエソ センガンチャルル シキョ モゴッソヨ

→仁寺洞で生姜茶を注文して飲みました。

さ
3

233 | 正直

솔직히

［ソルチキ］

正直にいうと、正直に聞こえる

正直、韓国語の**솔직히**（ソルチキ）って日本語の「正直」に聞こえるんです！

こんぶPOINT

솔직히は漢字を混ぜて書くと「率直**히**」になります。
「あなたは正直だ」というときの人に使う「正直だ」は**정직하다**（チョンヂカダ）を使います。

例文

솔직히 말하면 난 유부녀야.
ソルチキ マラミョン ナン ユブニョヤ

→正直言うと、私は人妻よ。

234 | 上手だ

잘하다

［チャラダ］

上手だ〜！チャラみたいだ！

チャラみたいに歌が上手だったらいいですね〜。

こんぶPOINT

「上手だ」や「うまい」と訳せる単語です。
誰かが歌を歌っていて、合いの手で「うまい！」というときは「**잘한다**（チャランダ）！」といいます。

例文

노래를 잘하다.
ノレルル チャラダ

→歌が上手だ。

趣味

235 | 小説

소설

［ソソル］

小説がそそる

小説はそそる～！　と思ったら官能小説を読んでいますね。

こんぶPOINT

「ル」はパッチムなので、「ル」をはっきり発音するのではなく、2つ目の「ソ」をいった後、舌を口の中の天井部分に当てるだけです。

例文

어떤 종류의 소설을 좋아해요?

オットン チョンニュエ ソソルル チョアヘヨ

→どんな種類の小説が好きですか？

さ

3

飲み物

236 | 焼酎

소주

［ソジュ］

焼酎飲むと操縦不能になる

韓国の代表的なお酒といえば、焼酎。韓国ではロックで飲むので、飲みすぎると操縦不能に……。

こんぶPOINT

発音は「ソジュ」と短くいいます。韓国では焼酎を一気飲みするので、「そ～じゅ～(操縦)」といっている暇はありません。「ソジュ！」と短くいいましょう。

例文

친구들과 소주를 마셔요.

チングドゥルグァ ソジュルル マショヨ

→友達と焼酎を飲みます。

日用品

237 | 商品

상품

［サンプム］

商品は3分

韓国でも学生や会社員は忙しい人が多いです。コンビニやスーパーには３分で作って食べられる商品がたくさんあります。

こんぶPOINT

発音は「サンプム」で「ム」はパッチムです。「プ」といった後、唇を閉じるだけで、「ム」と音を出しません。

例文

이 상품은 최고급입니다.

イ サンプムン チェゴグビムニダ

→ この商品は最高級です。

食べ物

238 | 醤油

간장

［カンジャン］

醤油とソースを見分ける？ それって勘じゃん！

お店のテーブルの上にある醤油とソース見分けられますか？　「できる！」とイキる人に思いっきり突っ込みましょう。「勘じゃん！」

こんぶPOINT

味噌は**된장**（トェンジャン）、コチュジャンは**고추장**（コチュジャン）と、みんな同じ**장**（ジャン）がつきます。漢字で「醤」です。

例文

회는 간장에 찍어 먹어요.

フェヌン カンジャンエ チゴ モゴヨ

→ 刺身は醤油をつけて食べます。

239 | 申告

신고

［シンゴ］

しんご君が申告する

しんご君が申告しています。あなたの身近なしんご君が何かを申告しているのを想像してみてください。

こんぶPOINT

「届」とも訳せます。「婚姻届」は**혼인신고**（ホニン シンゴ）、「出生届」は**출생신고**（チュルセン シンゴ）といいます。**하다**（ハダ）をつけて**신고하다**（シンゴハダ）で「申告する」という意味になります。

例文

세금을 신고했어요.
セグムル シンゴヘッソヨ

→税金を申告しました。

240 | 陣痛

진통

［チントン］

陣痛はじんじん…トントン

陣痛はじんじん…と痛くて、トントントンと赤ちゃんが外の世界に出ようとノックしています。実際はそんな痛みではないのでしょうが……。

こんぶPOINT

カタカナの読みは「チントン」ですが、「ヂントン」とも聞こえます。つまり、「ジントン」とも聞こえます。

例文

새벽에 진통이 왔어요.
セビョゲ チントンイ ワッソヨ

→明け方、陣痛が来ました。

241 | スイカ

수박

［スバㇰ］

スイカをばくばく

暑い夏にはスイカをばくばく食べたいですよね！　スイカをばくばく、略して夏には「スバク」しましょう！

こんぶPOINT

「ク」はパッチムなので、はっきりと「ク」とはいいません。そのため、「スバッ」にも聞こえます。

例文

여름에는 시원한 수박이 최고예요.
ヨルメヌン シウォナン スバギ チェゴエヨ

→夏は冷たいスイカが最高です。

242 | スカート

치마

［チマ］

チマチョゴリはスカートと上着

チマチョゴリの「チマ」は「スカート」という意味です。チョゴリは上着を意味します。

こんぶPOINT

チマチョゴリは女性の伝統服だけを意味するので、韓国の伝統服全体を意味する言葉は「韓服」と書いて**한복**（ハンボㇰ）といいます。**앞치마**（アㇷ゚チマ）は「エプロン」という意味です。

例文

짧은 치마를 입었어요.
チャルブン チマルル イボッソヨ

→短いスカートをはきました。

便利フレーズ

243 | 好き

좋아

［チョア］

ヤクルトが好き？　ヂョアが好き？　ヂョア～！

ヤクルトかヂョアならどちらが好きですか？　ここは、ヂョアで！

こんぶPOINT

カタカナの読みは「チョア」ですが、「ヂョア」でも通じます。商品名は「ジョア」ですが、ゴロではわかりやすく「ヂョア」と表記しています。
基本形は**좋다**（チョタ）です。「いい」とも「好き」とも訳せる単語です。

例文

나는 네가 참 좋아.
ナヌン ネガ チャム チョア

→僕は君が本当に好き。

便利フレーズ

244 | スゴッ

대박

［テバク］

スゴッ！　この手羽！

韓国人は毎日何回も「手羽」といいます。手羽を食べているわけではなく、「スゴッ！」という意味です。日本人も「スゴッ！」と毎日いう人いますよね。

こんぶPOINT

日本語で「スゴッ!」「ヤバ～」「マジで!」というときに使います。
あまり年上の人の前で多用すると、状況によっては軽く見られることもあります。

例文

우와! 대박!
ウワ テバク

→わ～！　スゴッ！

さ

3

245 | すっぱい

시다

［シダ］

すっぱいすしだ

すっぱいといえば、日本の伝統食、すしだ！

こんぶPOINT

発音は「ス」を取って、「シダ」です。ちなみに韓国人に梅干しを食べてもらうと**시다**（シダ）とはいいません。塩辛いの**짜다**（チャダ）（210）といいます。

例文

피클이 시다.
ピクリ シダ

→ピクルスはすっぱい。

246 | 砂

모래

［モレ］

砂を盛れ

砂を見るとついつい、山のように盛りませんか？　砂場の砂、海の砂、砂さえあれば盛れ〜！　と盛りたくなります。

こんぶPOINT

「砂」は**모래**（モレ）、「明後日」は**모레**（モレ）です。同じ発音ですが、「レ」の文字が違います。
「砂場」は**모래밭**（モレバッ）といいます。

例文

놀이터에서 모래 놀이를 해요.
ノリトエソ モレ ノリルル ヘヨ

→遊び場（公園）で砂遊びをします。

247 | スプーン

숟가락

［スッカラㇰ］

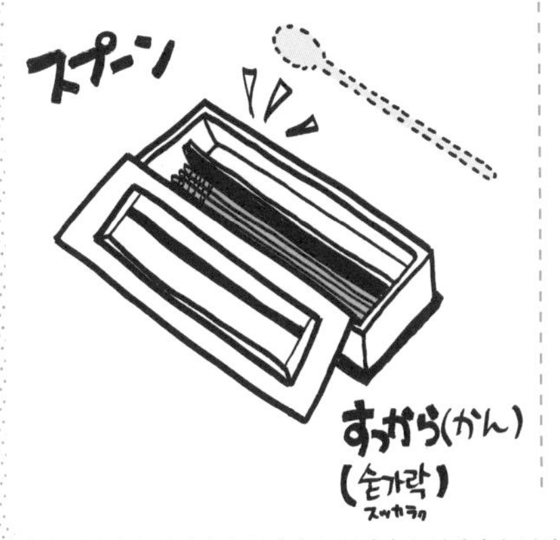

スプーンがすっからかん

韓国の食堂ではスプーンと箸が入れ物に入っていますが、たまに、すっからかんのときがあります。

こんぶPOINT

発音は「スッカラㇰ」で「ク」はパッチムなので、はっきりと「ク」とは発音しません。そのため、「スッカラッ」とも聞こえます。
「箸」は**젓가락**（チョッカラㇰ）といいます。「スプーンと箸」というまとめた意味の**수저**（スジョ）という言葉があります。

例文

숟가락을 떨어뜨렸어요.
スッカラグル トロットゥリョッソヨ

→ スプーンを落としました。

248 | ズボン

바지

［パジ］

ズボンで赤っぱじ

ズボンって穴が開いたり、チャックが開いていたり、赤っぱじをかくことが多いです！　その理由はズボンは「ぱじ」だからです！

こんぶPOINT

「ジーパン」は**청바지**（チョンバジ）といいます。**청**（チョン）は「青」という意味なので、直訳すれば「青ズボン」です。赤っぱじではなく、青っぱじです。

例文

치마 말고 바지를 입었어요.
チマ マルゴ パジルル イボッソヨ

→ スカートではなくズボンをはきました。

249 | 隅（すみ）/隅々（すみずみ）

구석/ 구석구석

［クソㇰクソㇰ］

隅々にくそ……くそが！

隅々に、くそが落ちているので、きれいにしないといけません。구석（クソ）１つで「隅」、２つで「隅々」です。

こんぶPOINT

隅々のクソを掃除するなんて「クソッ！ クソッ！」と怒るイメージでいえば上手に発音できます。
구석（クソㇰ）１つだと、「隅」です。

例文

구석구석 깨끗이 청소해요.
クソㇰクソㇰ ケックシ チョンソヘヨ
→隅々、きれいに掃除します。

250 | すみません

죄송합니다

［チュエソンハㇺニダ］

すみません

ジェイソン、ハム煮た
（죄송합니다）
チュエ ソン ハム ニ ダ

ジェイソン、ハム煮た。すみません

ジェイソンさんが故郷のハムを煮ています。台所を占領しちゃって、すみませんと謝っています。

こんぶPOINT

正確な発音は「チュエソンハムニダ」です。「ム」はパッチムなので、「ハ」といった後に唇を閉じるだけです。
何となくそんな風に聞こえるというゴロですが、似た言葉がないので通じます！

例文

바쁘신데 **죄송합니다.**
パップシンデ チュエソンハムニダ
→お忙しいところすみません。

251 | 住む

살다

［サルダ］

猿が住む

山から人里へ下りてきた猿を見て、そういえば人間だけが住んでいるのではなかったと思うことも。猿も一緒に住んでいるんです！

こんぶPOINT

発音は「サルダ」です。「ル」はパッチムなので、「サル」とはっきりいうのではなく、「サ」といった後、舌を口の中の天井部分に当てるだけです。

例文

도시에 살다.
トシエ サルダ

→都会に住む。

252 | 背

키

［キ］

背は木に

背がどれくらい伸びたか、木の柱に記しています。大きくなって実家に戻ると、木に刻まれた自分の背たけを見ることはありませんか？

こんぶPOINT

「背が高い」は**키가 크다**（キガ クダ）、「背が低い」は**키가 작다**（キガ チャㇰタ）です。
「身長」は**신장**（シンジャン）といいます。

例文

남자 친구는 키가 커요.
ナムジャ チングヌン キガ コヨ

→彼氏は背が高いです。

253 | 制服

교복

［キョボㇰ］

今日僕、制服

制服はかわいいので着たくなりますね。今日僕、制服〜！　な〜んて。韓国にも制服があって中学、高校で着ます。また、大学生になって4月1日のエイプリルフールに着る人もます。

こんぶPOINT

교복（キョボㇰ）は漢字で「校服」と書きます。

例文

교복보다 사복이 편해요.

キョボㇰボダ サボギ ピョネヨ

→制服より私服が楽です。

254 | セリ

미나리

［ミナリ］

セリの身なりを整える

セリって葉っぱがグシャグシャしてます。出荷前に身なりを整えているところです。セリは韓国料理によく使われます。

こんぶPOINT

韓国でセリは清道郡（チョンドぐん）というところが有名で、そこでは農場で採れたばかりのセリをサムギョプサルに巻いて食べることができます。

例文

미나리를 삼겹살과 같이 먹으면 맛있어요.

ミナリルㇽ サムギョㇷ゚サルグァ カチ モグミョン マシッソヨ

→セリをサムギョプサルと一緒に食べるとおいしいです。

255 | ゾウ

코끼리

［コッキリ］

ゾウは今日こっきり！

動物園のゾウが今日で引退の日を迎えるようです。見られるのは今日こっきりです。

こんぶPOINT

코（コ）は「鼻」(378)、**끼리**（キリ）は「長い」(327) という意味の**길다**（キルダ）が語源です。

例文

동물원에서 코끼리를 봐요.
トンムルォネソ コッキリルル ポァヨ

→動物園でゾウを見ます。

256 | 争点

이슈

［イシュ］

争点から異臭がする

社会問題を扱うニュースの争点から異臭がします！

こんぶPOINT

英語の「issue」の韓国語読みですが、会話でよく使う単語です。
争点というと使いにくく思えますが、ニュースになっている「問題」や「話題」という感覚で使います。

例文

오늘의 이슈는 뭐예요?
オヌレ イシュヌン ムォエヨ

→今日の争点は何ですか？

257 | そこ

거기

［コギ］

そこにコーギー

そこにいるのは柴犬でも秋田犬でもマルチーズでもなく、コーギー！　韓国の街でもたまにコーギーを見かけます。

こんぶPOINT

発音は「コーギー」と伸ばさず、「コギ」というと自然です。
「ここ」は**여기**（ヨギ）、「あそこ」は**저기**（チョギ）です。

例文

거기에다가 짐을 놔두면 돼요.
コギエダガ チムル ヌァドゥミョン トェヨ
→そこに荷物を置けばいいです。

258 | そっと

살짝

［サルチャク］

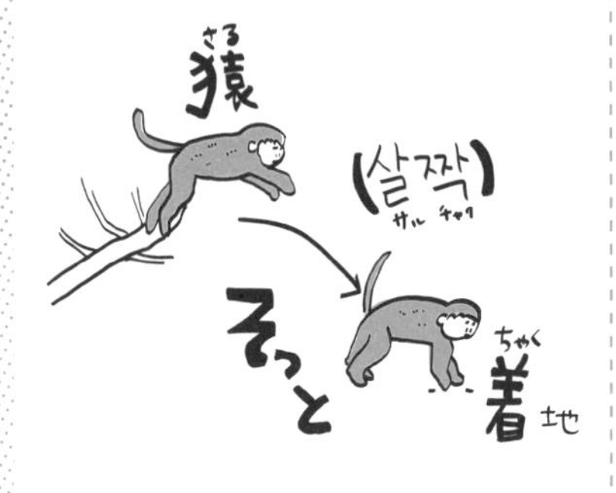

そっと 猿着地

動物って高いところから飛び降りても、そっと着地します。「そっと」は「猿着地」です。

こんぶPOINT

発音は「サルチャク」です。「サル」は「ル」をはっきりといわず、「サ」といった後に、舌を口の中の天井部分に当てるだけです。また、「チャク」も「チャッ」と聞こえる感じで軽く発音します。

例文

산타할아버지가 선물을 살짝 놓고 갔어요.
サンタハラボジガ ソンムルル サルチャク ノコ カッソヨ
→サンタのおじいさんがプレゼントをそっと置いて行きました。

259 | 袖

소매

［ソメ］

袖にきれいな染め

袖のところにきれいな染めが入っています。こんぶパンが結婚するときに作ったチマチョゴリの袖にも模様が入っています。作ってくれる人が「涙で袖を染めないように」と無料で入れてくれました。

こんぶPOINT

「長袖」は**긴팔**（キンパル）、半袖は**반팔**（パンパル）といいます。

例文

소매가 길어서 접어 입어요.
ソメガ キロソ チョボ イボヨ

→袖が長くて折って着ます。

COLUMN

SNSでの略語や顔文字

ハングルは子音と母音を組み合わせて使いますが、子音だけ母音だけでもコミュニケーションはできます。

日本ではラインですが、韓国ではカカオトーク（100）というものを使います。そこでは「ww」や「(笑)」の意味で「ㅋㅋ」と書いて**ヨヨ**（クク）と笑う表現をしたり、OKは「ㅇㅋ」と書いて**오케이**（オケイ）の意味を表したりします。泣いている顔は母音の「ㅜ」や「ㅠ」で目から涙が出ているように表現します。ほかにもたくさんあるので、覚えて使うと楽しいですよ。

音声は TRACK 4

た行

日常生活

260 | 太極旗

태극기

［テグㇰキ］

太極旗の手作りクッキー

国旗はクッキーです（181）。そして、韓国の国旗は手作りクッキー、「手グッキー」です。

こんぶPOINT

発音は「テグッキー」と伸ばさず、「テグㇰキ」というと自然です。カタカナの読みは「テグㇰキ」ですが、「テグッキ」といえば自然にパッチムができています。
「日章旗（日の丸）」は**일장기**（イㇽチャンギ）といいます。

例文

태극기가 바람에 휘날리고 있어요.
テグㇰキガ パラメ フィナㇽリゴ イッソヨ
→太極旗が風になびいています。

261 | 退勤

퇴근

［トェグン］

退勤時間だ。手をぐ～ん

退勤時間になりました。今日もお疲れ～。手をぐ～んとのばして帰りましょう。

こんぶPOINT

発音は「トェグン」ですが、早くいうと「テグン」にも聞こえます。
出勤は출근（チュルグン）です。

例文

퇴근 시간이 몇 시예요?
トェグン シガニ ミョッ シエヨ
→退勤時間は何時ですか？

262 | 退屈だ

심심하다

［シムシマダ］

新島（しんしま）を発見したけど退屈だ

新しい島、新島を発見したけれど、あ～、退屈だ。新しい島なので無人島のようです。何もなくて退屈そうですね。

こんぶPOINT

「ム」はパッチムなので、「シ」といった後に唇を閉じるだけで「ム」とはっきり発音するわけではありません。

例文

주말인데 집에만 있어서 심심하다.
チェマリンデ チベマン イッソソ シムシマダ
→週末なのに、家にだけいて退屈だ。

263 | 大根

무

［ム］

大根が無（む）

大根は味も無く、色も無いので「無」です。実際は甘みもあって、色も白いけれど、ほのかな味と色が「無」な感じですよね。

こんぶPOINT

「大根足」は**무다리**（ムダリ）といいます。

例文

무를 뽑았어요.
ムルル ポバッソヨ

→大根を抜きました。

264 | 抱いてごらん

안아 봐

［アナ　ボァ］

穴場で抱いてごらん

韓国で穴場スポットに行ったとしても、「穴場」といってはいけません。抱かれてしまうかもしれません。

こんぶPOINT

直訳は「抱いてみて」です。**안아**（アナ）は「抱いて」、**봐**（ボァ）は「みて」です。
カタカナの読みは「アナ　ボァ」ですが、早くいうと「アナ　バ」にも聞こえます。

例文

나를 안아 봐.
ナルル アナ ボァ

→僕を抱いてごらん。

265 | 胎動

태동

［テドン］

手でドンドンとたたく胎動

胎動はお母さんのお腹を赤ちゃんが、手や足でドンドンと叩くから感じますよね。覚えるときは手がメインということで、手ドン!!

こんぶPOINT

「胎動を感じる」は**태동을 느끼다**（テドンウル ヌッキダ）です。

例文

오늘 처음으로 태동을 느꼈어요.
オヌル チョウムロ テドンウル ヌッキョッソヨ
→今日初めて胎動を感じました。

266 | 台所

부엌

［プオㇰ］

台所にブー置く

ブタが好きな奥さんなのでしょうか。台所にブタのぬいぐるみを置いています。

こんぶPOINT

「台所」を**주방**（チュバン：厨房）ともいいます。

例文

부엌 청소를 해요.
プオㇰ チョンソルㇽ ヘヨ
→台所掃除をします。

267 | タコ

문어

［ムノ］

タコは無能？

タコはぐにゃぐにゃしていて無能のように見えます。でも、本当は知能が高いらしいです。漢字は「文魚」と書くくらいなので、無能ではないですね。

こんぶPOINT

発音は伸ばさず「ムノ」です。シャキッと「ムノ」というと自然です。
韓国でもタコ焼きを売っていて、**타코야끼**（タコヤッキ）といいます。

例文

문어는 미끌미끌해요.
ムノヌン ミックルミックレヨ
→タコはつるつるしています。

268 | たぬき

너구리

［ノグリ］

たぬきは野栗（のぐり）が好き

たぬきは野の栗、「野栗」が大好きです！　ちなみに、韓国には「**너구리 라면**（ノグリ ラミョン）」という、たぬきの絵のついた「タヌキラーメン」が売っています。うどんのような少し太めの麺に、辛いスープを合わせたインスタントラーメンです。野栗は残念ながら入っていません。

例文

너구리가 마을까지 내려왔다.
ノグリガ マウルカジ ネリョワッタ
→たぬきが村まで下りて来た。

269 | 種

씨

［シ］

果物に多いものは、ビタミンCと種

果物にはビタミンCも豊富ですが、種もいっぱいです。

こんぶPOINT

発音は「ッシ」と前に小さい「ッ」を入れるとより自然です。

例文

수박은 씨가 많아서 먹기 힘들어요.
スバグン シガ マナソ モㇰキ ヒㇺドゥロヨ

→スイカは種が多くて食べにくいです。

270 | たぶん

아마

［アマ］

たぶん 海女（あま）

済州島（チェジュとう）に行くと海に浮かぶ物体がチラホラ。それは、たぶん海女さんです。

こんぶPOINT

아마（アマ）と아마도（アマド）と2つの言い方がありますが、ほぼ同じように使います。
韓国人は日本人ほど「たぶん」という言葉を使いません。「たぶん」と思っても、いい切ってしまうのが韓国流かも!?

例文

아마 이번 시험은 잘 본 것 같아요.
アマ イボン シホムン チャㇽ ボン ゴッ カタヨ

→たぶん今回の試験はよくできたと思います。

日常生活

271 | 食べる

먹어

［モゴ］

もごもご食べる

もごもご、口いっぱいにお菓子を頬張って食べています。

こんぶPOINT

基本形は**먹다**（モㇰタ）です。
発音は「モ」も「ゴ」もはっきりいうより、口の中でもごもごと「モゴ」といった方が自然です。
食べますは、**요**（ヨ）をつけて**먹어요**（モゴヨ）です。

例文

나는 남편보다 많이 먹어.
ナヌン ナムピョンボダ マニ モゴ
→私は夫よりたくさん食べる。

食べ物

272 | 卵

알

［アㇽ］

卵がある！

魚を食べていてお腹に卵があると興奮してしまいませんか？

こんぶPOINT

「ㇽ」はパッチムなので、「ア」の後に舌を口の中の天井部分に当てるだけです。
スーパーで買う鶏の卵は普通、**계란**（ケラン）といいます。この**알**（アㇽ）は「イクラ（鮭の卵）」なら**연어알**（ヨノアㇽ）「鮭の卵」、うずらの卵なら**메추리알**（メチュリアㇽ）という風に、鶏以外の卵にも使える言葉です。

例文

거북이가 알을 낳았어요.
コブキガ アルㇽ ナアッソヨ
→亀が卵を産みました。

273 | （ニワトリの）卵

계란

［ケラン］

卵は蹴らん

割れちゃうから蹴っちゃダメ！

こんぶPOINT

漢字で「鶏卵」と書きます。
계란（ケラン）以外にも**달걀**（タルギャル）ともいいます。
「卵焼き」は**계란말이**（ケランマリ）、「目玉焼き」は**계란후라이**（ケランフライ）、「ゆで卵」は**삶은 계란**（サルムン ケラン）といいます。

例文

계란으로 계란찜을 만들어요.
ケラヌロ ケランチムル マンドゥロヨ

→卵で卵蒸し（韓国の茶碗蒸し）を作ります。

274 | 玉ねぎ

양파

［ヤンパ］

玉ねぎの皮がむけて、や～ん、パッ

玉ねぎの皮がむけてしまい、や～んと恥ずかしがって、パッと戻しています。

こんぶPOINT

漢字で**양**（ヤン）は「洋」です。**파**（パ）がねぎなので、「洋ねぎ」という意味です。

例文

양파를 까면 눈이 매워요.
ヤンパルル カミョン ヌニ メウォヨ

→玉ねぎをむいたら目にしみます。

状態

275 | ためらう

망설이다

［マンソリダ］

1万円のソリをためらう

サンタさんが新しい1万円のソリを買うのをためらっています。万ソリだ〜。

こんぶPOINT

「マンソリダ」と「ダ」まで入れて「ためらう」です。

例文

살까 말까 망설이다.
サルカ マルカ マンソリダ

→買おうかやめようかためらう。

人

276 | 誰

누구

［ヌグ］

誰かは脱ぐとわかる

誰かは脱げばわかります。脱いでもらえるかはわかりませんが、正体がわからない人には「脱ぐ」といってみましょう。

こんぶPOINT

「誰ですか?」は**누구예요**?（ヌグエヨ）、「どなたですか?」は**누구세요**?（ヌグセヨ）といいます。

例文

이 사람은 누구예요?
イ サラムン ヌグエヨ

→この人は誰ですか？

飲み物

277 | 炭酸水

탄산수

［タンサンス］

炭酸水を飲むとスーっとする

炭酸水って飲むとスーっとします。だから、炭酸スーです。

こんぶPOINT

発音は「タンサンス」です。
炭酸飲料は**탄산음료**（タンサヌムニョ）といいます。

例文

다이어트를 위해 콜라 대신 탄산수를 마셔요.
タイオトゥルル ウィヘ コルラ テシン タンサンスルル マショヨ

→ダイエットのため、コーラの代わりに炭酸水を飲みます。

日用品

278 | 単三電池

에이에이(AA) 건전지

［エイエイ コンジョンジ］

エイエイ！ 根性で押し込んで入れる単三電池

単三電池って、何だか入らないときありますよね。だから、エイエイ！ と根性で入れます。

こんぶPOINT

에이에이（エイエイ）は英語のAAで、単三を意味します。単四は**에이에이에이**（エイエイエイ）です。
건전지（コンジョンジ）は「乾電池」という意味です。

例文

에이에이(AA) 건전지를 사야겠어요.
エイエイ コンジョンジルル サヤゲッソヨ

→単三電池を買わないといけません。

279 | 誕生日

생일

［センイル］

韓国人は誕生日という線がいる

韓国では年齢で上下関係が決まるので、誕生日はとても重要。人間関係を円滑にするためにも、いつ生まれたかという線がいるんです。

こんぶPOINT

実際には、何年生まれかという生まれ年で決まります。
「誕生日おめでとう」は**생일 축하해**（センイル チュカへ）です。

例文

생일이 언제예요?
センイリ オンジェエヨ

→誕生日はいつですか？

280 | 小さいけど確かな幸せ

소확행

［ソファケン］

小さいけど確かな幸せを僧発見

最近韓国でよく使われている言葉です。朝一杯のコーヒーを飲む、家族で公園に行くといった、日常にある幸せを求める考え方です。

こんぶPOINT

漢字で「小確幸」と書きます。カタカナの読みは「ソファケン」ですが、実際の発音は「ソーファッケン」に近いです。

例文

커피 한 잔으로 소확행을 느낄 수 있어요.
コピ ハン ジャヌロ ソファケンウル ヌッキル ス イッソヨ

→コーヒー一杯に小さいけど確かな幸せを感じることができます。

便利フレーズ

281 | 違いが出る

차이 나

［チャイ ナ］

違いが出るね
やっぱりチャイナ！

中国で本場の中華料理を食べたら、やっぱり違いますよね。さすが四千年の歴史！

こんぶPOINT

차이は「違い」で、**나**は「出る」なので、直訳すると「違い出る」です。そのため会話でよく使います。きちんと「違いが出る」というときは**차이가 나다**（チャイガ ナダ）といいます。

例文

명품이랑 짝퉁은 차이 나.

ミョンプミラン チャㇰトゥンウン チャイ ナ

→ブランド品とバッタもんは違いが出る。

自然

282 | 地球

지구

［チグ］

地球がちぐはぐ

地球温暖化や環境破壊で地球がちぐはぐになって、地球が泣いています。みんなで大切にしなくてはいけません！

こんぶPOINT

「地球温暖化」は**지구 온난화**（チグ オンナヌァ）といいます。

例文

지구 온난화 때문에 기후가 이상해요.

チグ オンナヌァ テムネ キフガ イサンヘヨ

→地球温暖化のため気候が変です。

283 | 乳首

젖꼭지

［チョッコㇰチ］

乳首はチョコチップ

乳首ってチョコチップみたいに見えませんか？

こんぶPOINT

発音は「チョコチップ」の「プ」を取って、「チョコチッ」というと自然です。
より正確な発音は「チョッコㇰチ」です。
「哺乳瓶の口」は**젖병 꼭지**（チョッピョン コㇰチ）といいます。

例文

아기가 젖꼭지를 빨고 있어요.
アギガ チョッコㇰチルㇽ パㇽゴ イッソヨ
→赤ちゃんが乳首を吸っています。

284 | チヂミ

전

［チョン］

チヂミをジョンが作る

アメリカから韓国に来たジョンさんが、文化体験でチヂミを作っています。

こんぶPOINT

日本で食べるチヂミは**파전**（パジョン）と呼ばれます。**파**（パ）はネギという意味です。「チヂミ」は**부침개**（プチㇺゲ）ともいいます。
カタカナの読みは「チョン」ですが、「ヂョン」つまり「ジョン」とも聞こえます。

例文

설날에 전만 부쳤어요.
ソㇽラレ チョンマン プチョッソヨ
→正月にチヂミばかり焼きました。

285 | 父

아버지

［アボジ］

父はいぼじ

父は会社でストレスなのか、いぼじです。

こんぶPOINT

正確には「いぼじ」ではなく、「アボジ」です。
「父」以外にも「お父さん」とも訳せます。**아빠**（アッパ）（084）より、かしこまった言い方です。小さい頃はお父さんのことを**아빠**（アッパ）と呼んでいても、大きくなると**아버지**（アボジ）と呼ぶようになる人も多いです。

例文

저는 아버지를 닮았어요.
チョヌン アボジルル タルマッソヨ

→私は父に似ました。

286 | ちびっこ

꼬마

［コマ］

ちびっこがコマを回す

ちびっこは、コマ遊びが好きです。

こんぶPOINT

発音は「ッコマ」と前に小さい「ッ」を入れるとより自然です。
小さい子供に「**꼬마야**～（コマヤ）」と大人が話しかけると、「坊や～」という感じです。
市場や屋台に売れている小さいミニのり巻きを**꼬마김밥**（コマキムパプ）といいます。

例文

꼬마김밥 하나 주세요.
コマキムパプ ハナ チュセヨ

→ちびのり巻き一つください。

287 | チマチョゴリの飾り

노리개

［ノリゲ］

チマチョゴリの飾りはのり毛

チマチョゴリについているきれいな飾りは、のりと毛みたいです。

こんぶPOINT

発音は「ノリケ」ではなく「ノリゲ」です。宮中の女性や一般の女性まで誰もがつけていた飾りで、昔は代々受け継がれていたそうです。

例文

노리개를 달아요.

ノリゲルル タラヨ

→**チマチョゴリの飾り**をつけます。

288 | チュー

뽀뽀

［ポッポ］

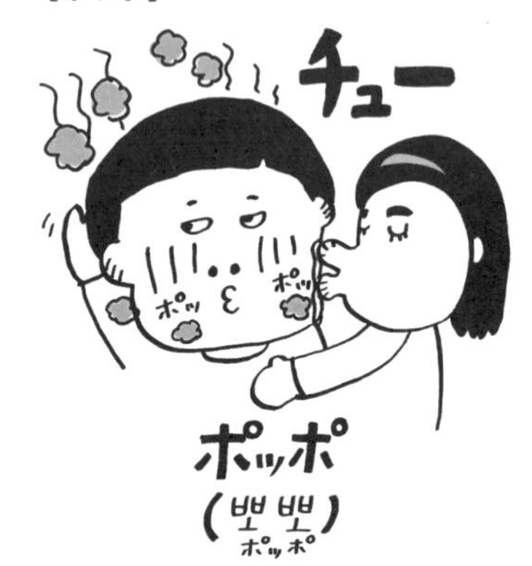

チューをしてポッポ

チューをしてほっぺたがポッポと赤くなっています。

こんぶPOINT

「キス」は**키스**（キス）といいます。**뽀뽀**（ポッポ）と**키스**（キス）の使い分け方は、日本語の「チュー」と「キス」の違いに似ています。**뽀뽀**（ポッポ）はやや軽くかわいらしい感じのする言葉で、子供にもよく使います。

例文

뽀뽀해 줘.

ポッポヘ ジュォ

→**チュー**して。

国

289 | 中国

중국

［チュングㇰ］

中国は
ちゅんちゅんグッ！

中国にはさまざまな食材があって、変わった料理がたくさんあります。中国では、すずめを食べるところもあります。おいしいようで、グッ（good）！　といっていますね。

こんぶPOINT

「中華料理」は**중국요리**（チュングンニョリ）といいます。

例文

내년에 중국에 갑니다.
ネニョネ チュングゲ カムニダ

→来年、中国に行きます。

昆虫

290 | 蝶

나비

［ナビ］

蝶がナビする

森で道に迷った子供を蝶がナビゲーションしています。童話の本に出てきそうですね。

こんぶPOINT

車についている「ナビ」は**내비**（ネビ）といいます。
韓国にも童謡の『ちょうちょう』があり**나비야 나비야**（ナビヤ ナビヤ）と歌います。

例文

꽃에 나비가 앉았어요.
コチェ ナビガ アンジャッソヨ

→花に蝶がとまりました。

291 | ちょっと待って

잠깐만

［チャムカンマン］

ちょっと待ってね、チャッカマン！

韓国で「ちょっと待って」をよく使うのは、焼肉屋さん。チャッカマンを持ち歩きながら、「ちょっと待ってね～」といっています。

こんぶPOINT

正確な発音は「チャムカンマン」です。丁寧に「ちょっと待ってください」というときは**잠깐만요**（チャムカンマンニョ）です。

例文

잠깐만 기다려 주세요.
チャムカンマン キダリョ ジュセヨ

→ちょっと待ってください。

292 | ちんちん

고추

［コチュ］

ちんちんにコチュジャン

コチュジャンのコチュは唐辛子、ジャンは味噌という意味です。子供のおちんちんは唐辛子の形に似ているので「コチュ」です。

こんぶPOINT

遠まわしでやわらかい表現なので、子供に限らず大人にも使います。

例文

아들이 **고추**가 아프다고 해요.
アドゥリ コチュガ アプタゴ ヘヨ

→息子がちんちんが痛いといいます。

便利フレーズ

293 | ついでに

김에

[キメ]

釜山(プサン)ついでに 金海(キメ)

釜山に行くとき利用するのが金海市にある金海空港です。でも、釜山に行っても金海を旅行することはあまりありません。ぜひ、釜山ついでに金海にも行ってみてください。

こんぶPOINT

地名の金海は**김해**(キメ)と書きます。

例文

부산 간 김에 김해를 여행해요.
プサン カン キメ キメルル ヨヘンヘヨ

→**釜山に行ったついでに、金海を旅行します。**

た

4

日常生活

294 | 通帳

통장

[トンジャン]

通帳はトントン、ジャン!

通帳をトントンとすると、お金がジャーン! と増えていたらどんなにいいでしょうか。

こんぶPOINT

「口座番号」は**계좌번호**(ケジャボノ)といいます。

例文

통장 사본이 필요해요.
トンジャン サボニ ピリョヘヨ

→**通帳のコピーが必要です。**

日常生活

295 | つかむ

잡아

［チャバ］

つかむのは茶葉

韓国では1歳の誕生日に何をつかむかで、その子の将来を占います。お金ならお金持ち、鉛筆なら学者、マウスならユーチューバーなどいろいろ準備します。茶葉ならお茶屋さんでしょうか。

こんぶPOINT

基本形は**잡다**（チャプタ）です。
丁寧に「つかみます」というときは**잡아요**（チャバヨ）です。

例文

내 손 꽉 잡아.
ネ ソン クァㇰ チャバ

→私の手をぎゅっとつかんで。

恋愛

296 | 付き合う

사귀다

［サグィダ］

付き合うっていったのに詐欺だった

イケメン韓国人男性と付き合ってみたいと付き合ったら、詐欺だった!?　ではなく、韓国語で付き合うは「サギダ」なんです。

こんぶPOINT

正確な発音は「サグィダ」ですが、早くいうと「サギダ」に聞こえます。
「付き合おう」は**사귀자**（サグィジャ）です。

例文

결혼을 전제로 사귀다.
キョロヌル チョンジェロ サグィダ

→結婚を前提に付き合う。

便利フレーズ

297 | 次のページ

다음 페이지

［タウム ペイジ］

タウンページで次のページをめくる

韓国人にタウンページといえば、次々とページをめくってくれるでしょう。

こんぶPOINT

発音は「タウム ペイジ」です。「ム」はパッチムですが、「ペ」が唇を閉じて出す発音なので、「タウンページ」といっても、自然に「ム」のパッチムができています。

例文

다음 페이지로 넘어가세요.
タウム ペイジロ ノモガセヨ

→次のページにいってください。

日常生活

298 | 付ける

붙여

［プチョ］

ぷっちょを付ける

韓国人にお菓子のぷっちょを渡したら、噛まずに歯などにくっつけてしまうかもしれません。「ぷっちょ(**붙여**)」は「付ける」という意味だからです。

こんぶPOINT

発音通りに書くと**부처**（プチョ）となり「プッチョ」にも聞こえます。
基本形は**붙이다**（プチダ）です。

例文

우리 아이는 껌을 아무 데나 붙여.
ウリ アイヌン コムル アム デナ プチョ

→私の子供はガムをどこでも付ける。

自然

299 | 土

흙

[フㇰ]

土を拭く

ガーデニングをしていたら、土が顔についてしまい、拭いています。

こんぶPOINT

発音は「フㇰ」で「ㇰ」はパッチムです。「ㇰ」ははっきり発音しないので「フッ」にも近い音です。

例文

얼굴에 흙이 묻었어요.
オルグレ フルギ ムドッソヨ

→顔に土がつきました。

家

300 | 坪(つぼ)

평

[ピョン]

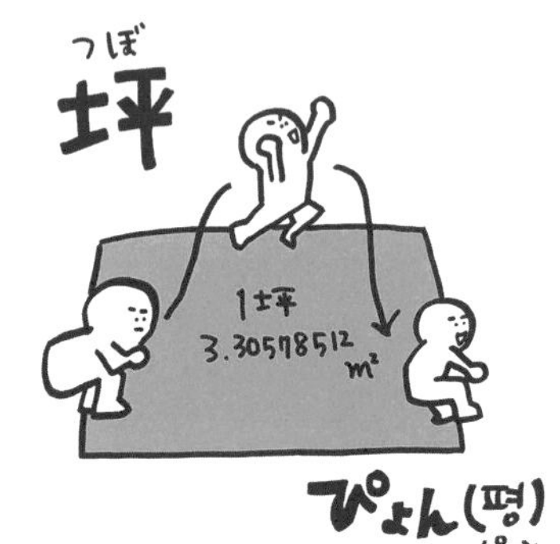

1坪をぴょんと飛ぶ

韓国では不動産投資が盛んです。毎日どこのマンションは何坪いくらという話が飛び交うので、「ぴょん」という言葉を聞かない日はないです。

こんぶPOINT

韓国では畳はないので何畳とはいわず、何坪と「坪」で表現します。

例文

요즘은 작은 평수의 아파트가 인기예요.
ヨジュムン チャグン ピョンスエ アパトゥガ インキエヨ

→最近は小さい坪数のマンションが人気です。

人

301 | 妻

아내

［アネ］

妻は姉さん女房

最近、韓国では年上の姉さん女房が人気だとか?! こんぶパンもそうです！ 実際に姉さん女房でなくとも、妻のことは「アネ」と呼びましょう。

こんぶPOINT

英語の「wife」の**와이프**（ワイプ）も会話ではよく使います。

例文

아내를 위해 선물을 샀어요.
アネルル ウィヘ ソンムルル サッソヨ
→妻のためにプレゼントを買いました。

趣味

302 | 釣り

낚시

［ナㇰシ］

釣りの成果はなっし！

せっかく釣りへ行ったのにまったく釣れず……。バケツの中はいつも、なっし！

こんぶPOINT

発音は「ナㇰシ」で、「ク」はパッチムです。「ク」とはっきり発音するわけではないので、実際は「ナㇰシ」と「ナッシ」の間くらいの発音になります。

例文

낚시하러 가자.
ナㇰシハロ カジャ
→釣りしに行こう。

303 | 出会い

만남

［マンナム］

マンナンとの出会い

韓国人とマンナンライフのこんにゃくゼリーの出会いです。韓国人は日本のこんにゃくゼリーが大好きで、「おいしい」とみんな感動します。

こんぶPOINT

「出会う」は**만나다**（マンナダ）です。「お会いできて嬉しいです」という挨拶は**만나서 반갑습니다**（マンナソ パンガプスムニダ）といいます。

例文

우리의 만남을 기억하자.
ウリエ マンナムル キオカジャ
→私たちの出会いを覚えておこう。

304 | デコポン

한라봉

［ハルラボン］

デコポンは腹ボン

韓国のデコポンは腹がボンと出ています。

こんぶPOINT

済州島の特産品です。済州島にある有名な山、**한라산**（ハルラサン）「漢拏山」の文字から、「漢拏峰」と書いて**한라봉**（ハルラボン）です。
「ル」はパッチムです。「ル」の後に、またラ行の「ラ」が来るので、舌の動きが自然に「ル」パッチムに近くなります。

例文

제주도 한라봉은 유명해요.
チェジュド ハルラボンウン ユミョンヘヨ
→済州島のハラボン（デコポン）は有名です。

便利フレーズ

305 | 出てくる

나와

[ナワ]

縄で出てくる

深い穴に落ちたようで、縄で出てきました。

こんぶPOINT

基本形は**나오다**（ナオダ）です。
必ずしも下から上に出てくるときに使うわけではなく、後ろから前、中から外などにも使えます。「出る」とも訳せます。

例文

핸드폰에서 소리가 나와.
ヘンドゥポネソ ソリガ ナワ

→ケータイ（携帯電話）から音が出てくる。

場所

306 | 寺が

절이

[チョリ]

寺が ジョリジョリ

寺がジョリジョリいっています。何かと思ったら、お坊さんたちが頭を丸めています！

こんぶPOINT

カタカナの読みは「チョリ」ですが、「ヂョリ」にも聞こえます。つまり「ジョリ」に聞こえます。
意味は「寺が」と「が」を付けて作ったゴロです。「寺」は**절**（チョル）といいます。

例文

저 산에는 아름다운 절이 있어요.
チョ サネヌン アルムダウン チョリ イッソヨ

→あの山には美しい寺があります。

た 4

307 | 天気

날씨

[ナルシ]

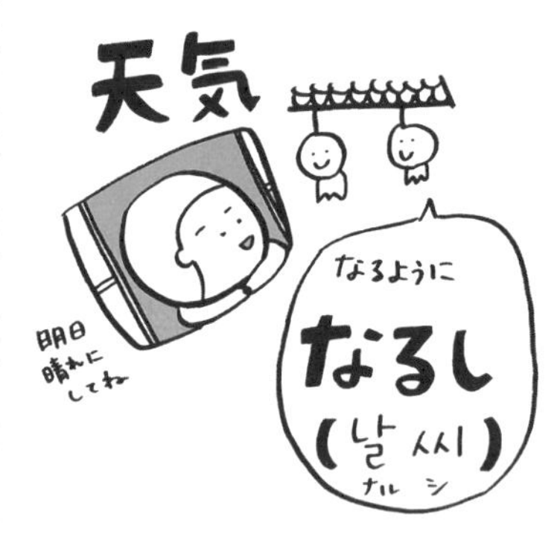

天気はなるようになるし

明日の天気を気にしていたら、てるてる坊主が「なるようになるし！」といっています。天気は人間がコントロールできませんよね。

こんぶPOINT

「ル」はパッチムなので「ル」とはっきり発音せず、「ナ」といった後に舌を口の中の天井部分に当てるだけです。
「天気予報」は**일기예보**（イルギイェボ）といいます。

例文

오늘은 날씨가 좋네.
オヌルン ナルシガ チョンネ
→今日は天気がいいね。

308 | と

랑

[ラン]

友達と恋人と家族とらんらんらん

誰かと一緒だとらんらんらん♪と楽しくなりますね。

こんぶPOINT

パッチムがないときは**랑**（ラン）、パッチムがあるときは**이랑**（イラン）です。「友達と」は**친구랑**（チングラン）、「家族と」は**가족이랑**（カジョギラン）のように使います。
会話でよく使われる言葉です。人に限らず物にも使えます。

例文

혹시 나랑 같이 영화 보러 갈래?
ホㇰシ ナラン カチ ヨンファ ポロ カルレ
→よかったら僕と一緒に映画観に行く？

便利フレーズ

309 | どう？

어때？

［オッテ］

どう？　うちの犬のお手

「お手！」といって成功したらみんなに「どう？」と自慢しましょう。

こんぶPOINT

正確な発音は「オッテ」です。
丁寧に「どうですか?」と聞くときは**어때요**?（オッテヨ）といいます。

例文

나 어때?
ナ オッテ

→私どう？

人

310 | 同級生

동창

［トンチャン］

同級生とどんちゃん騒ぎ

同級生と久しぶりに会ったら、どんちゃん騒ぎです！

こんぶPOINT

カタカナの読みは「トンチャン」ですが、「ドンチャン」にも聞こえます。
漢字で「同窓」と書いて**동창**（トンチャン）なので、直訳すれば同窓生です。今現在のクラスメイトではなく、昔一緒に学んだ同級生をいうときに使います。
同窓会は**동창회**（トンチャンフェ）です。

例文

오랜만에 동창을 만나서 반가웠어요.
オレンマネ トンチャンウル マンナソ パンガウォッソヨ

→久しぶりに同級生と会って嬉しかったです。

便利フレーズ

311 | どうせ

어차피

［オチャピ］

どうせ、おっぱっぴー

「おっぱっぴー」っていってもどうせスベるんでしょ……。と、ギャグをいいながら、心の中でひがんでます。

こんぶPOINT

発音は「オチャピ」ですが、「チャ」と「ピ」が息を出して発音する音なので、「オッチャッピ」とも聞こえます。

例文

어차피 하는 것 즐겁게 하자.
オチャピ ハヌン ゴッ チュルゴッケ ハジャ
→どうせするなら楽しくしよう。

状態

312 | 堂々と

당당하게

［タンダンハゲ］

堂々とすると段々ハゲる

社会的地位が上がると人は堂々としますが、同時に時間も経つので段々ハゲていきます。堂々とするということは、つまり段々ハゲるということなんです（注：個人差アリ)。

こんぶPOINT

カタカナの読みは「タンダンハゲ」ですが、実際には「ダンダンハゲ」にも聞こえます。

例文

어디서든 당당하게 행동하자.
オディソドゥン タンダンハゲ ヘンドンハジャ
→どこでも堂々と行動しよう。

食べ物

313 | トウモロコシ

옥수수

［オㇰスス］

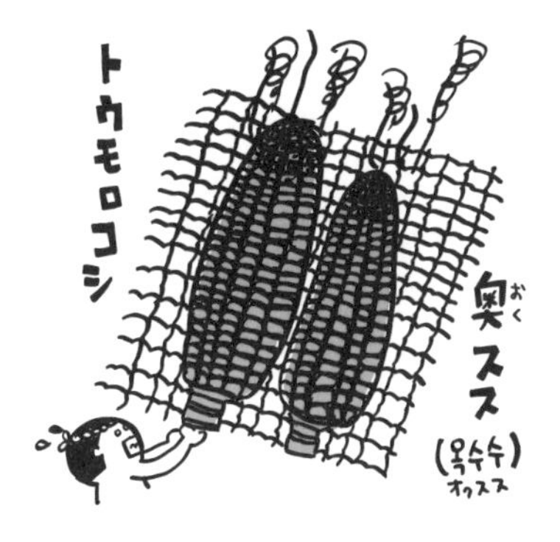

トウモロコシは奥スス

トウモロコシの奥の方が焦げてススに。韓国では白や紫のもちもちした食感の**찰옥수수**（チャロㇰスス）という「もちトウモロコシ」が一般的によく食べられます。

こんぶPOINT

「ク」はパッチムなので、軽く発音します。「オッスス」という感じです。
韓国では、蒸したり湯がいたりして食べます。

例文

여름에는 옥수수를 쪄 먹어요.
ヨルメヌン オㇰススルㇽ チョ モゴヨ
→夏はトウモロコシを蒸して食べます。

副詞

314 | 遠く

멀리

［モㇽリ］

毛利さんが遠く宇宙へ

宇宙飛行士の毛利さんより遠くに行った日本人はほとんどいないですよね。だから、遠くは毛利さんです。

こんぶPOINT

発音は「モㇽリ」で、「ル」はパッチムなので、「モ」といった後に舌を口の中の天井部分に当てて、次に「リ」といいます。
「もうり」と「モㇽリ」では全然違うように思えますが、「ル」はパッチムではっきり発音しないので実際は意外に似ています。

例文

공을 멀리 던졌어요.
コンウㇽ モㇽリ トンジョッソヨ
→ボールを遠くに投げました。

315 | 解く

풀어

［プロ］

解く プロ

最近はラインやフェイスブックなどのパスワードを解くプロがいますよね。解くものって謎だったり、問題だったり難しいものが多いです。だから、プロが解くんです。

こんぶPOINT

基本形は**풀다**（プルダ）です。
丁寧にいうときは**풀어요**（プロヨ）といいます。

例文

어려운 퀴즈를 풀어.
オリョウン クィジュルル プロ
→**難しいクイズを解く。**

316 | 読書

독서

［トゥソ］

読書は毒素を洗い流す

読書をすると今まで知らなかったことや、新しい考え方に出合え、頭の中の毒素が洗い流されるようです。

こんぶPOINT

カタカナの読みは「トゥソ」ですが、「ドゥソ」にも聞こえます。
「ク」はパッチムなので、「ク」とはっきり発音せず、「ドゥソ」と「ドッソ」の間くらいの音です。

例文

취미는 독서예요.
チュィミヌン トゥソエヨ
→**趣味は読書です。**

317 | 時計

시계

［シゲ］

時計が茂(しげ)みに

不思議の国のアリスに出てくるウサギが、時計を持って茂みを走り回っています。

こんぶPOINT

「腕時計」は**손목시계**（ソンモㇰシゲ）、「砂時計」は**모래시계**（モレシゲ）といいます。

例文

시계가 멈췄어요.
シゲガ モムチュォッソヨ
→時計が止まりました。

4

318 | 歳(とし)

나이

［ナイ］

歳なんてない！

歳なんて数字にすぎない！　と元気なおじいちゃんがいっています。

こんぶPOINT

「1歳、2歳、3歳……」というときも日本語では「歳」という字を使いますが、このときは**나이**（ナイ）は使えません。**한 살**（ハンサㇽ）、**두 살**（トゥサㇽ）、**세 살**（セサㇽ）といいます。「歳（とし）」は**나이**（ナイ）、「歳（さい）」は**살**（サㇽ）です。

例文

나이가 어떻게 돼요?
ナイガ オットケ トェヨ
→歳はいくつですか（歳がどのようになりますか）？

319 | 飛ぶ

날아

［ナラ］

おならで飛ぶ

飛ぶには勢いが必要です。おならで飛びましょう！

こんぶPOINT

発音は「オ」を取って、「ナラ」です。基本形は**날다**（ナルダ）です。

例文

내 드론은 바람이 불어도 잘 날아.
ネ トゥロヌン パラミ プロド チャル ナラ

→私のドローンは風が吹いてもよく飛ぶ。

320 | トランプ

카드

［カドゥ］

トランプはクレジットカードみたい

正確には**트럼프 카드**（トゥロムプカドゥ）ですが、**카드**（カドゥ）とよくいいます。韓国では花札が国民的カードゲームなのでトランプはあまりしません。

こんぶPOINT

「花札」は**화투**（ファトゥ）（381）です。

例文

수업 후 친구들과 모여서 카드게임을 했어요.
スオプ フ チングドゥルグァ モヨソ カドゥゲイムル ヘッソヨ

→授業後、友達と集まってトランプ（カードゲーム）をしました。

食べ物

321 | 鶏肉

닭고기

［タッコギ］

鶏肉でタッカルビとプルコギを作る

韓国でも鶏肉はお手頃な価格なので、よく使われます。そんな鶏肉でタッカルビと本来は牛肉を使うプルコギを作りましょう。

こんぶPOINT

日本でも人気の**닭갈비**（タッカルビ）の「タッ」は「鶏」なのですが、カルビが食べられなくて鶏で代用して作ったことからできたという説があります。

例文

요즘 닭고기가 비싸졌어요.
ヨジュム タッコギガ ピッサジョッソヨ

→最近鶏肉が高くなりました。

た

4

コミュニケーション

322 | 努力

노력

［ノリョク］

努力は能力

努力できるということ、それも1つの能力ですね！

こんぶPOINT

発音は「の−りょく」より、「ノリョク」と短くいった方が自然です。「ク」はパッチムなので、「ク」とはっきりいわず「ノリョッ」に近い発音になります。

例文

노력은 배신하지 않는다.
ノリョグン ペシナジ アンヌンダ

→努力は裏切らない。

323 | トンカツ

돈가스

［トンカス］

こんなトンカツはカスだ

韓国のトンカツは薄くて平べったいです。そのため、肉の薄さと衣の厚さの割合によっては、衣のカスを食べているような感じが!? もちろん、韓国のトンカツもおいしいですよ！

こんぶPOINT

辞書には**돈가스**（トンカス）と載っていますが、実際のお店には**돈까스**（トンカス）とよく書いてあります。

例文

오늘 점심에 돈가스 먹을래?
オヌル チョムシメ トンカス モグルレ

→今日のお昼にトンカツ食べる？

324 | トング

집게

［チッケ］

トングがちっけ

韓国でトングは料理になくてはならない存在。そんな必須のトングが小さすぎたら、「ちっけ」と思わずいってしまうでしょう。

こんぶPOINT

「プ」はパッチムです。「チ」といった後に唇を閉じてから「ケ」といいます。「つまむ」という意味の**집다**（チプタ）からできた言葉です。

例文

고기를 집게로 뒤집었어요.
コギルル チプケロ トゥィジボッソヨ

→肉をトングで裏返しました。

325 | どんぐり

도토리

[トトリ]

鳥取といえばどんぐり

日本人なら鳥取といえば砂丘ですが、韓国人にとって鳥取といえばどんぐりです。どんぐりは「トトリ」というからです。

こんぶPOINT

韓国ではどんぐりの粉を練って作った**도토리묵**（トトリムㇰ）をよく食べます。

例文

다람쥐가 도토리를 물고 있어요.
タラムジュィガ トトリルㇽ ムㇽゴ イッソヨ

→リスがどんぐりをくわえています。

COLUMN

韓国人もパッチムが苦手?

日本人にとって韓国語のパッチムは難しいものですが、じつは韓国人にとっても難しいんです。ただ、その難しさは、発音する難しさではなく、書く難しさです。韓国には国語の時間に「**받아쓰기**（パダッスギ）」という書き取り授業があります。先生が読んだ単語や文章を書き取るのですが、たとえば**한국어**（ハングゴ）「韓国語」を発音通り**한구거**と書いてしまうとバツになります。日本の漢字の書き取りにも似ていて、韓国人は、音は知っていても、どう書くかを練習しないと書けないんです。

音声は TRACK 5

な行

日用品

326 | ナイフ

칼

［カㇽ］

ナイフで刈る

草は、ナイフで刈りましょう。

こんぶPOINT

「ル」はパッチムなので、「ル」をはっきりいうのではなく、「カ」をいった後に舌を口の中の天井部分に当てるだけです。日本語で「ナイフ」と訳しましたが、実際にはいろいろな切る道具のことです。「カッターナイフ」も**칼**（カㇽ）、「包丁」は**부엌칼**（プオㇰカㇽ）です。

例文

칼로 사과를 잘라요.

カㇽロ サグァルㇽ チャㇽラヨ

→ナイフでりんごを切ります。

327 | 長い

길어

［キロ］

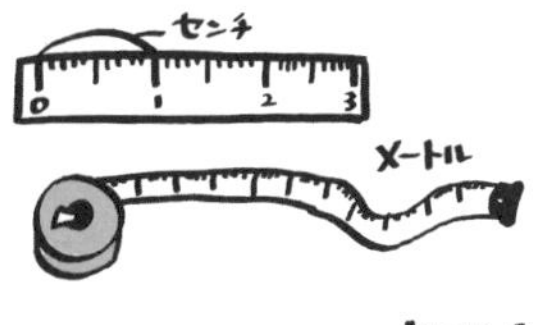

長いのはキロ

センチ、メートル、キロ、一番長いのはキロです。だから、長いは**길어**（キロ）といいます。

こんぶPOINT

物の長さだけでなく、「校長先生の話が長い」など時間の長さにも使えます。基本形は**길다**（キルダ）です。

例文

머리가 길어.
モリガ キロ

→髪が長い。

328 | 長靴

장화

［チャンファ］

長靴はジャン、ファ！

子供のとき、長靴を履いてわざと水たまりに飛び込んだりしませんでしたか？　両足でジャン〜！ド、レ、ミ、ファ〜！

こんぶPOINT

장（チャン）は「長」、**화**（ファ）は「靴」の韓国語読みです。
カタカナの読みは「チャンファ」ですが、「ヂャンファ」、つまり「ジャンファ」にも聞こえます。

例文

비 오는 날에는 장화를 신어요.
ピ オヌン ナレヌン チャンファルル シノヨ

→雨の降る日には長靴を履きます。

329 | 長ねぎ

대파

[テパ]

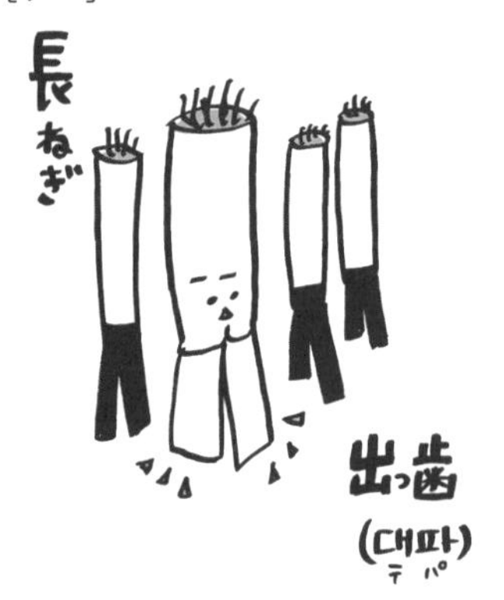

長ねぎは出っ歯

長ねぎの青い部分を切り落とすと、ちょっと出っ歯みたいです。

こんぶPOINT

カタカナの読みは「テパ」ですが、「テ」は「デ」にも聞こえ、「パ」は息を吐きだして発音する音なので、「デッパ」にも聞こえます。
대（テ）は「大」、**파**（パ）はネギという意味です。

例文

대파를 잘게 썰어요.
テパルル チャルゲ ソロヨ

→長ねぎを細かく刻みます。

330 | 泣く

울다

[ウルダ]

うるうる泣く

うるうる泣いています。何かあったのでしょうか？　元気出してー。

こんぶPOINT

「ウルダ」と「ダ」まで入れて「泣く」という意味です。
「ル」はパッチムなので、「ル」とはっきりいうのではなく、「ウ」といった後に、舌を口の中の天井部分に当てるだけです。

例文

아이가 넘어져서 울다.
アギガ ノモジョソ ウルダ

→子供が転んで泣く。

食べ物

331 | ナス

가지

［カジ］

ナスが火事に

焼きナスをしたら、ナスの皮に火がついて火事に！

こんぶPOINT

韓国では日本のような焼きナスは食べませんが、炒めたり和え物にして食べます。

例文

저녁 반찬은 가지볶음이에요.

チョニョㇰ パンチャヌン カジボックミエヨ

→夕飯のおかずはナス炒めです。

コミュニケーション

332 | 謎

수수께끼

［ススッケッキ］

謎のススケーキ

謎だ。食べようと思って隠していたケーキがなぜススケーキになったのか……。

こんぶPOINT

発音は「ススケーキ」ではなく、「ススッケッキ」です。
「謎」も「なぞなぞ」も**수수께끼**（ススッケッキ）といいます。

例文

탐정이 수수께끼를 풀어요.

タㇺジョンイ ススッケッキルㇽ プロヨ

→探偵が謎を解きます。

333 | 夏

여름

［ヨルㇺ］

夏は夜無（よるむ）

夏は蚊で眠れなくなって夜が無くなる、夜無です。

こんぶPOINT

「ㇺ」はパッチムなので、「ヨル」といった後に唇を閉じるだけです。
「真夏」は**한여름**（ハンニョルㇺ）といいます。
春（385）・夏・秋（005）・冬（420）でゴロがストーリーになっているので、春・秋・冬も一緒に覚えると覚えやすいです。

例文

더운 여름보다 추운 겨울이 좋아요.
トウン ニョルㇺボダ チュウン キョウリ チョアヨ
→暑い夏より寒い冬がいいです（好きです）。

334 | ナツメ

대추

［テチュ］

ナツメ でちゅ

ナツメは韓国料理によく使われます。干したナツメが使われるので、いつもシワシワです。でも、ほんのり甘くて赤い姿がかわいいです。

こんぶPOINT

カタカナの読みは「テチュ」ですが、「デチュ」にも聞こえます。
韓国でよく飲まれる「ナツメ茶」は**대추차**（テチュチャ）といいます。

例文

삼계탕에 대추를 넣으면 맛있어요.
サㇺゲタンエ テチュルㇽ ノウミョン マシッソヨ
→サムゲタンにナツメを入れるとおいしいです。

335 | 何(なに)？

뭐야?

[ムォヤ]

何？　モヤ？

「何？」というときは、それが何かわからないときです。モヤがかかっているから、よく見えなくてわからないんです。モヤモヤモヤ？　何何何？

こんぶPOINT

正確な発音は「ムォヤ」ですが、早くいうと「モヤ」に聞こえます。
丁寧に「何ですか?」というときは**뭐예요**?（ムォエヨ）といいます。

例文

이거 뭐야?
イゴ ムォヤ

→ これ何？

336 | 名前は何ですか？

이름이 뭐예요?

[イルミ ムォエヨ]

「イルミ燃えよ！」で「名前は何ですか？」

クリスマスに彼女のいない男の人が、イライラして、「イルミ燃えよ！」と叫ぶと……なぜか、韓国人女性が名前を教えてくれました。

こんぶPOINT

丁寧に「お名前は何とおっしゃいますか」といいたいときは**성함이 어떻게 되세요**?（ソンハミ オットケ トェセヨ）です。

例文

아까 그 사람 이름이 뭐예요?
アッカ ク サラム イルミ ムォエヨ

→ さっきのあの人の名前は何ですか？

337 | 悩み

고민

［コミン］

悩みは古民家

最近、古民家をカフェにしたり、宿にしたりして、新しくビジネスをしようか悩む人も多いのでは？

こんぶPOINT

発音は「こみんか」の「か」を取って、「コミン」です。
하다（ハダ）をつけて**고민하다**（コミナダ）で「悩む」になります。

例文

계속 고민했지만 도전했어요.
ケソゥ コミネッチマン トジョネッソヨ

→ずっと悩んでいたけれど挑戦しました。

食べ物

338 | 肉

고기

［コギ］

肉でプルコギを作る

韓国料理でプルコギは人気ですよね。肉があったらプルコギを作りましょう！「プル」が「火」で、「コギ」は「肉」という意味。プルコギは火で焼いた肉のことなので、プルコギで「火」と「肉」を覚えられます！

こんぶPOINT

「魚」は**물고기**（ムルコギ）（196）といいます。

例文

오랜만에 고기 구워 먹자.
オレンマネ コギ クウォ モゥチャ

→久しぶりに肉焼いて食べよう。

339 | にじむ

번진다

［ポンジンダ］

にじむのは凡人だ

書道で字がにじんでしまったようです。韓国にも書道があり、こんぶパンも習っていたことがありますが、いつも先生がにじんだ字を見て「凡人だ」といっていました。

こんぶPOINT

基本形は**번지다**（ポンジダ）です。
カタカナの読みは「ポンジンダ」ですが、「ボンジンダ」にも聞こえます。噂や病気が「広がる」というときにも使えます。

例文

물감이 옷에 묻어 번진다.
ムルカミ オセ ムド ポンジンダ

→絵の具が服についてにじむ。

340 | 似ている

비슷하다

［ピスタダ］

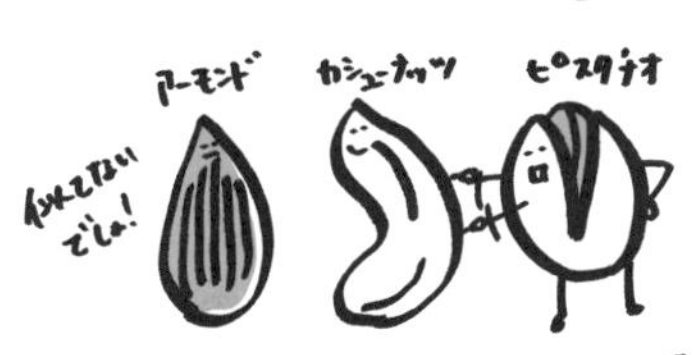

ピスタチオに似ている

ピスタチオに似ているナッツはいろいろありますね。

こんぶPOINT

正確な発音は「ピスタチオだ」ではなく、**비슷하다**（ピスタダ）です。
「ピス」を2回繰り返して**비슷비슷하다**（ピスッピスタダ）というと、「似たり寄ったりだ」という意味になります。

例文

일본과 한국은 비슷하다.
イルボングァ ハンググン ピスタダ

→日本と韓国は似ている。

国

341 | 日本

일본

［イルボン］

日本にいる、盆は

お盆になると海外に住んでいる人も、たくさん日本に帰ってきます。韓国に住んでいる日本人も、お盆にはたくさん日本に帰るでしょう。

例文

일본 오사카에서 왔어요.
イルボン オサカエソ ワッソヨ

→ 日本の大阪から来ました。

食べ物

342 | ニラ

부추

［プチュ］

ニラを食べてぶちゅ

ニラって匂いがきついです。韓国料理にはニラが使われた料理が多いので、食後の「ぶちゅ」には気を付けましょう。

こんぶPOINT

カタカナの読みは「プチュ」ですが、「ブチュ」にも聞こえます。

例文

부추는 몸에 좋아요.
プチュヌン モメ チョアヨ

→ ニラは体にいいです。

343 | 人気

인기

［インキ］

陰気が人気

陰気な人だって人気です。ミステリアスなところがすてきという人だっていますよね！

こんぶPOINT

「人気がある」は**인기가 있다**（インキガ イッタ）、「人気がない」は**인기가 없다**（インキガ オプタ）といいます。また、**인기가 많다**（インキガ マンタ）という表現もあり、直訳で「人気が多い」ですが、これも「人気がある」という意味です。

例文

그 오빠는 여자한테 인기가 많아요.
ク オッパヌン ヨジャハンテ インキガ マナヨ

➡あのお兄さんは女の人に人気があります（モテます）。

344 | 妊娠

임신

［イムシン］

妊娠してお腹にイン心（しん）

妊娠してお腹の中で新しい心音が！ 「イン心」です。

こんぶPOINT

発音は「イムシン」です。ゴロ通りに「インシン」とそのまま読むと**인신**（インシン）「人身」に聞こえるので、「イン」の「ン」のタイミングで唇を閉じて、その後で「シン」と発音してください。

例文

임신 12주예요.
イムシン シビジュエヨ

➡妊娠12週です。

345 | 人参

당근

［タングン］

人参に舌(たん)の群が

人参の周りに舌の群が!!!　人参好きな馬が、舌を出して群がっているんですね。

こんぶPOINT

韓国語で「人参」と漢字表記されたものは、**인삼**（インサム）「朝鮮人参・高麗人参」のことを指します。

例文

야채 가게에서 당근을 샀어요.
ヤチェ カゲエソ タングヌル サッソヨ

→八百屋で人参を買いました。

346 | ニンニク

마늘

［マヌル］

ニンニクは魔に塗る

ニンニクをドラキュラや悪魔といった、魔に塗ればすぐに逃げていきますね。ニンニクは魔に塗りましょう！　ちなみに、韓国料理にはニンニクが欠かせないので、家庭では大量に潰してみじん切りにし、冷凍しておきます。魔ではなくても、家族は台所から逃げていきます。

例文

마늘을 먹었더니 입 냄새가 나요.
マヌルル モゴットニ イム ネムセガ ナヨ

→ニンニクを食べたら口臭がします。

347 | 抜け殻

허물

[ホムㇽ]

抜け殻を葬る

セミが抜け殻を土に葬っています。新しい姿で飛び立ちます！

こんぶPOINT

正確な発音は「ほーむる」ではなく、短く「ホムㇽ」といいます。「ル」はパッチムなので、「ル」とはっきりいうのではなく、「ホム」をとった後に舌を口の中の天井部分に当てるだけです。

例文

매미 허물을 찾았어요.
メミ ホムルㇽ チャジャッソヨ
➡セミの抜け殻を見つけたんだ。

348 | ねぎ

파

[パ]

ねぎをパッと入れる

味噌汁に入れる細く切ったねぎって、手にくっつきます。だからパッパッと入れましょう。

こんぶPOINT

カタカナの読みは「パ」ですが、実際の発音は息を吐きだしながらいうので「パッ」に近いです。唇に味噌汁の細ねぎがくっついて、パッと息で取る感じにも似ています。

例文

불고기에 파를 넣으면 더 맛있어요.
プルゴギエ パルㇽ ノウミョン ト マシッソヨ
➡プルコギにねぎを入れるともっとおいしいです。

349 | 寝言

잠꼬대

［チャムコデ］

お相撲さんの寝言はちゃんこデー

きっとお相撲さんの寝言は「ちゃんこデー」です。夢の中でもちゃんこを食べているんでしょうね。

こんぶPOINT

「ム」はパッチムです。「ム」とはっきりいうのではなく、「チャ」といった後に唇を閉じるだけです。そして続けて「コデ」といいます。

例文

갑자기 잠꼬대를 중얼거렸어요.
カㇷチャギ チャムコデルㇽ チュンオㇽゴリョッソヨ

→急に寝言をむにゃむにゃ（ぶつぶつ）言いました。

350 | ねじ

나사

［ナサ］

ねじはNASA

ねじがNASA?!　いえいえ、ちっちゃなねじを見くびってはいけません。ねじの少しの違いやゆるみで、大きな事故が起きます。小さなねじは大きな宇宙を舞台にするNASAをも支えているんです！

例文

나사가 풀려 있었어요.
ナサガ プルリョ イッソッソヨ

→ねじが緩んでいました。

351 | 熱

열

［ヨル］

熱は夜出る

熱って、なぜだか夜に出ます。ただ、韓国では昼に出ても**열**（ヨル）といってください。

こんぶPOINT

「ル」はパッチムです。「ル」とはっきりいうのではなく、「ヨ」といった後に舌を口の中の天井部分に当てるだけです。「熱が出る」は**열이 나다**（ヨリ ナダ）です。

例文

열이 40도까지 올랐어요.
ヨリ サシㇷ゚トッカジ オㇽラッソヨ

→熱が40度まで上がりました。

352 | ネックレス

목걸이

［モㇰコリ］

ネックレスがもっこり

小ぶりの小さなネックレスもいいですが、もっこり厚みのあるネックレスも可愛いです。

こんぶPOINT

カタカナの読みは「モㇰコリ」ですが、「モッコリ」といえば自然にクのパッチムはできています。**목**（モㇰ）は「首」、**걸이**（コリ）は「掛けるもの」という意味です。

例文

생일에 목걸이를 선물 받았어요.
センイレ モㇰコリルㇽ ソンムㇽ パダッソヨ

→誕生日にネックレスをプレゼントしてもらいました。

植物

353 | 根っこ

뿌리

［プリ］

根っこはプリ

根っこは土壌の水分を含んで、プリプリしています。

こんぶPOINT

発音はプリプリ感を出して、「ップリ」といいましょう。

例文

이 나무는 뿌리가 깊어요.
イ ナムヌン プリガ キポヨ

→この木は根っこが深いです。

便利フレーズ

354 | 寝なかった

안 잤어

［アン ジャッソ］

アンジャッシュのコントがおもしろくて寝なかった

夜中にアンジャッシュのコントを見たら、おもしろくて朝まで眠れません。語尾をあげると「寝なかった？」と尋ねることもできます。

こんぶPOINT

正確な発音は「アン ジャッソ」ですが、「アンジャッシュ」でも通じます。

例文

피곤하다더니 왜 안 잤어?
ピゴナダドニ ウェ アン ジャッソ

→疲れたといっていたのに何で寝なかったの？

355 | 寝る

자다

［チャダ］

寝る前に茶だ

寝る前に何を飲みますか？　カフェインの少ない、あったかいお茶を飲んでから寝ればぐっすり寝られるはず。

こんぶPOINT

잠（チャム）で「眠り」という意味になります。

例文

옆으로 누워서 자다.
ヨプロ ヌウォソ チャダ

横になって寝る。

356 | 年賀状

연하장

［ヨナッチャン］

ヨナちゃんから年賀状!!

元フィギュアスケート選手のヨナちゃんから年賀状が届いたらびっくり。韓国でキム・ヨナ選手は**국민 여동생**（クンミン ヨドンセン）「国民の妹」といわれています。

こんぶPOINT

発音通りにハングルを書くと**여나짱**（ヨナッチャン）です。

例文

요즘은 연하장 대신 문자를 많이 보내요.
ヨジュムン ヨナッチャン テシン ムンチャルル マニ ポネヨ

→最近は年賀状の代わりにケータイメールをよく送ります。

357 | 脳

뇌

［ヌェ］

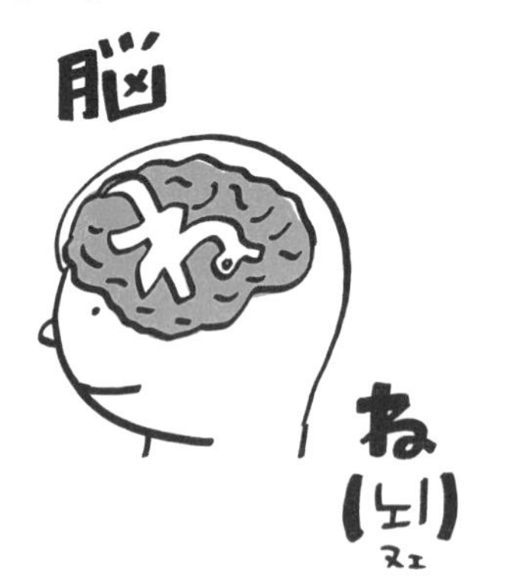

脳は「ね」みたい

脳はしわがたくさんあって、平仮名の「ね」みたいです。

こんぶPOINT

発音は「ヌェ」ですが、早くいうと「ネ」に聞こえます。

例文

화투는 뇌에 좋아요.
ファトゥヌン ヌェエ チョアヨ

→ 花札は脳にいいです。

358 | 飲む

마셔

［マショ］

飲むと魔性の女

飲むと変わってしまう、魔性の女は近くにいませんか？　普段は大人しくて目立たないのですが、飲むと男を惚れさせてしまう女です。

こんぶPOINT

基本形は**마시다**（マシダ）です。丁寧に「飲みます」というときは**마셔요**（マショヨ）といいます。
「薬を飲む」は**약을 먹다**（ヤグル モクタ）といって、「食べる」の**먹다**（モクタ）を使います。

例文

나는 매일 아침에 우유를 마셔.
ナヌン メイル アチメ ウユルル マショ

→ 私は毎朝牛乳を飲む。

359 | のり

김

［キム］

のりはキムさんが作った

のりを「キム」というのは、昔、初めてのりを作った人がキムさんだったからという説があります。

こんぶPOINT

「ム」はパッチムです。「キ」の後に、唇を閉じます。
韓国では広川（クァンチョン）の**광천김**（クァンチョンキム）や莞島（ワンとう）の**완도김**（ワンドキム）などが有名です。

例文

김만 있어도 밥 한 그릇 뚝딱 먹을 수 있어요.
キムマン イッソド パプ ハン グルッ トゥクタク モグル ス イッソヨ

→のりだけで、ご飯一杯ささっと食べられます。

360 | 乗る

타다

［タダ］

タダで乗る

実際には、電車にタダで乗ることはできないので、きちんと払いましょう。

こんぶPOINT

日本語では乗り物に乗るとき「～に乗る」といいますが、韓国語では～**을/를 타다**と「～を乗る」と表現します。

例文

공항에서 버스를 타요.
コンハンエソ ポスルル タヨ

→空港でバスに乗ります。

音声は TRACK 6

は行

からだ

361 | 歯

이

[イ]

歯をい～！

歯を磨くとき、歯を見せるとき、「い～」といえば韓国でも通じますよ！

こんぶPOINT

会話では**이빨**（イッパル）ともいいますが、もとは動物の歯に使う言葉です。また、漢字で「歯牙」と書いて、**치아**（チア）ともいいます。
치아（チア）→**이**（イ）→**이빨**（イッパル）の順で、**치아**（チア）が一番丁寧な響きがあります。

例文

어제 이가 아파서 치과에 갔어요.
オジェ イガ アパソ チックァエ カッソヨ
→昨日歯が痛くて歯医者に行きました。

便利フレーズ

362 | はい

예

［イェ］

はいは、イェーイと返事

名前を呼ばれたり、何か頼まれたりしたら、イェーイと元気に返事をしてください！

こんぶPOINT

発音は「イェ」です。
韓国語には「はい」が2つあり、**예**（イェ）と**네**（ネ）です。はっきりと使い方の線引きがされている言葉ではないので、どちらを使っても大丈夫です。

例文

예, 맞아요.
イェ マジャヨ
→はい、合っています。

日常生活

363 | 配達

배달

［ペダル］

配達はブレーキペダルもちゃんと踏んで

韓国は**배달 문화**（ペダル ムヌァ）「配達文化」といわれるほど、何でも超スピードで配達してくれます。早く届くのはうれしいのですがブレーキペダルもちゃんと踏んでね。

こんぶPOINT

「デリバリー」や「出前」という意味でよく使います。

例文

치킨을 배달시켜 먹었어요.
チキヌル ペダルシキョ モゴッソヨ
→フライドチキンを配達してもらい食べました。

364 | バイバイ

빠이빠이

［パイッパイ］

バイバイ、ぱいぱい

私たちにとって初めてのバイバイは、誰もがぱいぱいだったことでしょう。

こんぶPOINT

韓国では日本のように別れるとき、友達同士でバイバイとはあまりいいません。子供はよく使いますが、大人はたまに使う程度です。略して**빠빠이**（パッパイ）ともいいます。

例文

빠이빠이, 내일 보자.
パイッパイ　ネイル　ポジャ

→バイバイ、明日会おう。

365 | 売買

매매

［メメ］

売買されて、羊がメーメー

メーメーと、羊は自分たちが売買されるのをわかっているようです。

こんぶPOINT

カタカナの読みは「メメ」ですが、少し伸ばして「メーメー」とも聞こえます。売店は**매점**（メジョム）、買収は**매수**（メス）など「売」と「買」が**매**（メ）という発音だと知っていると、別の単語も覚えやすくなります。

例文

부동산 매매는 신중하게 해야 해요.
プドンサン　メメヌン　シンジュンハゲ　ヘヤ　ヘヨ

→不動産の売買は慎重にしなければなりません。

366 | ハエ

파리

[パリ]

韓国のハエはパリ生まれ?!

韓国のハエはパリです。何だかかっこいですね。ちなみに、フランスのパリも**파리**（パリ）で、文字も発音も同じです。やっぱりハエはパリ出身かも？

こんぶPOINT

「ハエたたき」は**파리채**（パリチェ）といいます。

例文

파리가 윙윙 날아다녀요.
パリガ ウィンウィン ナラダニョヨ
→ハエがブンブン飛び回ります。

367 | 墓

산소

[サンソ]

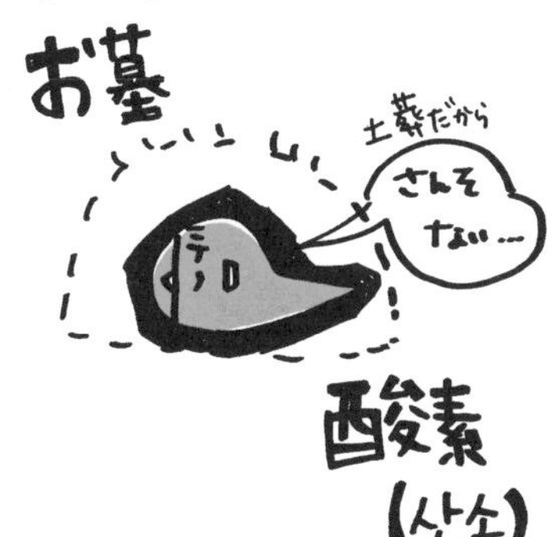

墓に酸素がない

韓国は少し前まで土葬が一般的で、山にこんもりとしたお墓を作っていました。だから酸素がない？2000年代からは、徐々に火葬が増えてきました。

こんぶPOINT

「墓参り」は漢字で「省墓」と書き、**성묘**（ソンミョ）といいます。

例文

할머니 산소를 찾아갔어요.
ハルモニ サンソルル チャジャガッソヨ
→おばあさんのお墓を訪れました。

368 | 吐く

뱉어

［ペト］

ペッと 吐く

韓国ではツバをペッと吐く人が多いです。ペッと勢いがいいので気を付けましょう。

こんぶPOINT

カタカナの読みは「ペト」ですが、発音通りに書くと**배터**（ペト）で「ト」は息を吐きだして発音する音なので、「ペット」にも聞こえます。
基本形は**뱉다**（ペッタ）です。
吐き気などで胃の中のものを吐くときは**토하다**（トハダ）を使います。

例文

내 친구는 아무 데서나 침을 뱉어.
ネ チングヌン アム デソナ チムル ペト

私の友達はどこでもツバを吐く。

369 | ハゲ

대머리

［テモリ］

ハゲた頭を手盛り

ハゲた部分を髪でうまく手盛りしています。韓国で「手盛り～、手盛り～」といって隠しても、自分でいっているようなものです。

こんぶPOINT

「ハゲる」は**대머리가 되다**（テモリガ トェダ）といいます。

例文

대머리가 될 것 같아요.
テモリガ トェル コッ カッタヨ

→ハゲになりそうです。

370 | パサパサしている

퍽퍽하다

［ポㇰポカダ］

木魚のようにかたくてパサパサしている、ポクポク

（「木魚」のふりがな：もくぎょ）

肉や魚がかたくてパサパサしているときは、木魚を叩くようにポクポクといってみましょう。

こんぶPOINT

実際には**하다**（ハダ）をつけて、**퍽퍽하다**（ポㇰポカダ）で使います。
퍽퍽하다（ポㇰポㇰハダ）は実際に発音されると**퍽퍼카다**（ポㇰポカダ）となりますが「ポクポクハダ」でも通じます。

例文

삶은 계란이 퍽퍽하다.
サルムン ケラニ ポㇰポカダ

→ゆで卵がパサパサだ。

371 | はさまっている

껴 있다

［キョ イッタ］

はさまっていると今日いった

青のりがはさまっていたら、次の日より、今日いわれたいです。韓国では唐辛子粉がはさまるのを気にして、よく教え合います。

こんぶPOINT

短く「キョ イッタ」というとより自然です。「はさまる」の**끼다**（キダ）と「いる」の**있다**（イッタ）がくっついて**껴 있다**（キョ イッタ）です。もとは「はさまる」は**끼이다**（キイダ）ですが、縮約された**끼다**（キダ）もよく使われます。

例文

고춧가루가 이에 껴 있다.
コチュッカルガ イエ キョ イッタ

→唐辛子粉が歯にはさまっている。

372 | バター

버터

［ポト］

バターがボトっと落ちる

バターは油分でスプーンやナイフにくっつくので、ボトっと落ちますよね。

こんぶPOINT

カタカナの読みは「ポト」ですが、実際には、「ボト」にも聞こえます。
「バターを塗る」は**버터를 바르다**（ポトルル パルダ）といいます。

例文

빵에 버터를 발라서 먹으면 맛있어요.
パンエ ポトルル パルラソ モグミョン マシッソヨ

→パンにバターを塗って食べるとおいしいです。

373 | 畑（家庭菜園のような）

텃밭

［トッパッ］

畑を突破

畑のものをちょうだいして、突破!!

こんぶPOINT

発音は「トッパッ」と「パ」の後に小さい「ッ」を入れて、素早い突破感を出すと自然です。
辞書で「畑」を引くと**밭**（パッ）が出てきます。ただ、日常会話では**텃밭**（トッパッ）をよく耳にします。畑の中でも家庭菜園のような、家の庭や近くの小さい畑のことをいいます。身近な畑なので会話にも出てきやすい単語です。

例文

텃밭에서 야채를 키워요.
トッパテソ ヤチェルル キウォヨ

→畑で野菜を育てます。

便利フレーズ

374 | 肌寒い

쌀쌀하다

［サルサラダ］

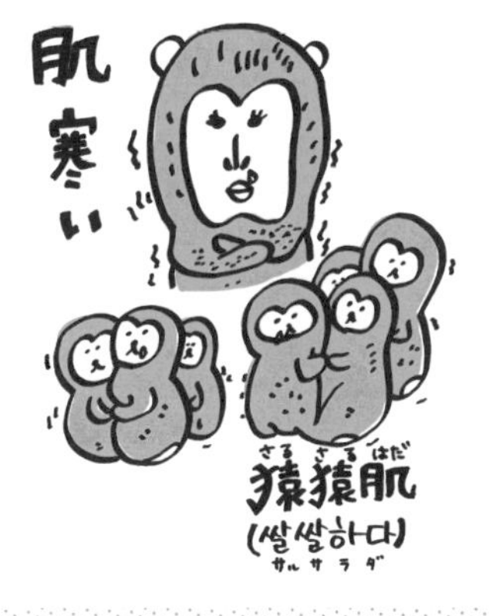

肌寒い日は猿猿肌

肌寒い日には、猿と猿が肌を寄せ合います。韓国に行って肌寒かったら、猿猿肌といってみましょう。暖房を入れて暖かくしてくれるかもしれません。

こんぶPOINT

쌀쌀하다（サルサルハダ）の実際の発音は**쌀싸라다**（サルサラダ）です。ただ、「サルサルハダ」でも通じるので、覚えやすい「猿猿肌」から覚えてみましょう。

例文

오늘은 쌀쌀하다.
オヌルン サルサラダ

→今日は肌寒い。

食べ物

375 | 蜂蜜

꿀

［クル］

蜂蜜をくるくる回して取る

蜂蜜を瓶から取るときは、くるくる回して取ります。

こんぶPOINT

「ル」はパッチムなので「ク」といった後に舌を口の中の天井部分に当てるだけです。
なかなか回しても蜂蜜が取れなくて、苦しそうに「ツクル」というとより自然な発音になります。

例文

달콤하고 맛있는 꿀.
タルコマゴ マシンヌン クル

→甘くておいしい蜂蜜。

376 | はっくしょん

에취

［エチュィ］

はっくしょん！　韓国人のくしゃみの音はエッチ？

「エッチ」に聞こえますが、実際はそこまで「エッチ」ではありません。

こんぶPOINT

実際には「エッチュィ」という感じで、これが早くなると「エッチ」にも聞こえます。「くしゃみ」は**재채기**（チェチェギ）です。

例文

에취. 에취. 감기 걸렸나?
エチュィ エチュィ カムギ コルリョンナ

→はっくしょん。はっくしょん。風邪引いたかな？

377 | ばっちい（汚い）

지지

［チジ］

じじがばっちい

おじいちゃんが畑仕事から帰ってきて、孫がひと言。「じじばっちい！」。そんなこといわずに一緒にお風呂に入ってあげて～！

こんぶPOINT

カタカナの読みは「チジ」ですが、実際には「ヂジ」、つまり「ジジ」にも聞こえます。
子供が使ったり、子供に対して使う幼児語です。幼児語でない「汚い」は**더럽다**（トロㇷ゚タ）（132）です。

例文

흙 만지면 지지야~.
フㇰ マンジミョン チジヤ

→土触ったらばっちいよ～。

378 | 鼻

코

[コ]

個々の鼻

鼻は個々に違います。顔の真ん中にあるので、個をよく表します。

こんぶPOINT

発音は息を吐きだしながら「コ」というと自然です。咳をするように「コ」という感じです。
「鼻の穴」は**콧구멍**（コックモン）、「鼻くそ」は**코딱지**（コッタㇰチ）といいます。

例文

코가 막혔어요.
コガ マキョッソヨ
→鼻が詰まりました。

379 | 鼻声

콧소리

[コッソリ]

鼻声だとこっそりいう

あの子、鼻声よね。なんかぶりっ子してない？　とこっそり女の人たちが話しています。韓国でも日本でも、女性はちょっと鼻にかかった甘ったるい話し方に対して厳しい？

こんぶPOINT

甘ったるい「鼻声」だけでなく、風邪を引いたときの「鼻声」にも使えます。
코（コ）は「鼻」で**소리**（ソリ）は「音」という意味です。

例文

감기에 걸려서 콧소리가 심해요.
カムギエ コルリョソ コッソリガ シメヨ
→風邪を引いて鼻声がひどいです。

380 | バナナ

바나나

［パナナ］

バナナはバナナ

これはアクセントのゴロです。日本語も韓国語もほとんど同じ発音ですが、アクセントが違います。真ん中のバナナが飛び出ているように、ドレミでいうなら「ドミド」というアクセントです。

こんぶPOINT

カタカナの読みは「パナナ」ですが、「バナナ」でも通じます。

例文

바나나 한 송이 주세요.
パナナ ハン ソンイ チュセヨ

→バナナ一房ください。

381 | 花札

화투

［ファトゥ］

花札のルールって what?

韓国では花札が国民的カードゲームです。でも、ルールが難しくwhat？ となります。韓国人が花札で遊び始めたら、what？ といいながら仲に入れてもらいましょう。

こんぶPOINT

カタカナの発音は「ファトゥ」ですが、「トゥ」が息を吐きだして発音する音なので「ファットゥ」にも聞こえます。

例文

화투 칠 줄 알아요?
ファトゥ チル チュル アラヨ

→花札できますか（やり方知っていますか）？

人

382 | 母

어머니

［オモニ］

母が主にする

母が家事でも何でも主にします。

こんぶPOINT

「母」だけでなく「お母さん」という意味もあります。**엄마**（オムマ）（073）よりはかしこまったいい方です。
小さい頃は**엄마**（オムマ）と呼び、大人になると**어머니**（オモニ）と呼ぶ人もいます。

例文

우리 어머니는 예뻐요.
ウリ オモニヌン イェッポヨ

→私の母はきれいです。

日用品

383 | ハミガキ

치카치카

［チカチカ］

ハミガキで目がチカチカ

目がチカチカするほど子供がハミガキをしてくれたらどれほどいいでしょうか。

こんぶPOINT

치카치카（チカチカ）は子供に使う幼児語です。普通に「歯磨き」というときは**양치질**（ヤンチジル）といいます。
「歯ブラシ」は**칫솔**（チッソル）、「歯磨き粉」は**치약**（チヤク）です。

例文

치카치카 하자.
チカチカ ハジャ

→ハミガキしよう。

384 | 早く早く

빨리 빨리

［パルリ　パルリ］

早く早く！　パリパリのうちに食べて

出来立てのポテチです。パリパリのうちに早く食べて！

こんぶPOINT

「ル」はパッチムです。韓国には**빨리빨리 문화**（パルリパルリ ムヌァ）「早く早く文化」があります。事務処理から家を建てることまで何でも早いです。

例文

빨리 빨리 서둘러! 비행기 탑승시간 다 됐어!

パルリ パルリ ソドゥルロ ピヘンギ タプスンシガン タ トェッソ

→早く早く急いで！　飛行機の搭乗時間になったよ！

385 | 春

봄

［ポム］

春はポン！

春はポンと生まれる季節だから、ポン。

こんぶPOINT

発音は「ポム」で、「ム」はパッチムです。「ム」とはっきりいうのではなく、「ポ」といった後に、唇を閉じるだけです。
春・夏（333）・秋（005）・冬（420）でゴロがストーリーになっているので、一緒に覚えると覚えやすいです。

例文

봄에 꽃이 피면 예뻐요.

ポメ コチ ピミョン イェッポヨ

→春に花が咲くときれいです。

386 | 晴れる

맑아

［マルガ］

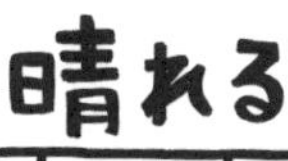

丸が 晴れる

天気予報の丸じるしは晴れるの意味ですね。明日は晴れる！

こんぶPOINT

基本形は**맑다**（マクタ）で「晴れている」や「澄んでいる」とも訳せます。
丁寧に「晴れます」というときは**맑아요**（マルガヨ）といいます。
「晴れ」は**맑음**（マルグム）です。

例文

비가 그쳐서 하늘이 맑아.
ピガ クチョソ ハヌリ マルガ

→雨がやんで空が晴れる。

387 | ハングルの日

한글날

［ハングㇽラㇽ］

ハングルの日は ハングルになる日

10月9日は、ハングルの元となった訓民正音（くんみんせいおん）の公布を記念するハングルの日です。

こんぶPOINT

正確な発音は「ハングㇽラㇽ」です。このゴロは**한**（ハン）・**글**（グㇽ）・**날**（ナㇽ）と1文字ずつを見たときのゴロです。
「子供の日（5/5）」は**어린이날**（オリニナㇽ）といいます。

例文

10월 9일 한글날은 공휴일이에요.
シウォㇽ クイㇽ ハングㇽラルン コンヒュイリエヨ

→ハングルの日は祝日です。

食べ物

388 | パン粉

빵가루

［パンカル］

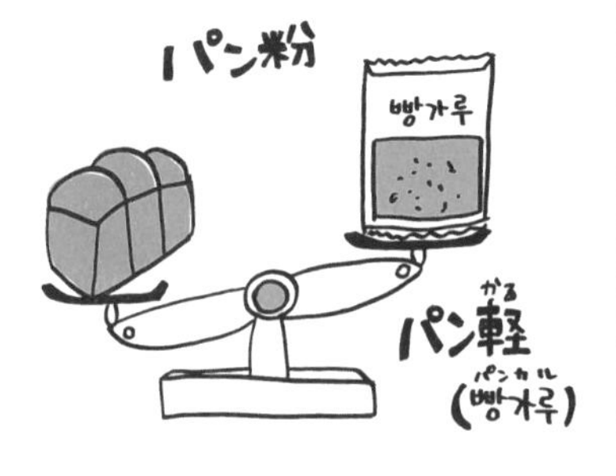

パン粉はパンより軽い

パン粉はパンを削って作るので、パンより軽いです。パン軽～！

こんぶPOINT

빵（パン）は「パン」、**가루**（カル）は「粉」という意味です。
発音は「パンカル」でもいいのですが、「ッパンカル」と少し喉を詰まらせたようにいうとより自然です。

例文

돈가스를 만들 때 마지막에 빵가루를 묻혀요.
トンカスルル マンドゥル テ マジマゲ パンカルルル ムチョヨ

→トンカツを作るとき、最後にパン粉をまぶします。

装飾品

389 | ピアス

귀걸이

［クィゴリ］

杭ゴリのピアス

杭にゴリラがぶら下がったピアスというセンス……。

こんぶPOINT

耳は**귀**（クィ）（455）のゴロを先に覚えると覚えやすいです。
発音は早くいうと「キゴリ」にも聞こえるような音です。
귀（クィ）は「耳」、**걸이**（ゴリ）は「掛けるもの」という意味です。そのため、穴を開けるタイプにも、そうでないタイプにも使えます。

例文

귀를 뚫어서 귀걸이를 했어요.
クィルル トゥロソ クィゴリルル ヘッソヨ

→耳に穴を開けて、ピアスをしました。

自然

390 | PM2.5

미세먼지

[ミセモンジ]

PM2.5は見世物じゃ

韓国では近年PM2.5の濃度数値がどんどん上がり、こんなに高いんだ！　と見世物にするしかないほどです。

こんぶPOINT

発音は「ミセモンジ」です。正確には「PM2.5」は**초미세먼지**（チョミセモンジ）ですが日常会話では**미세먼지**（ミセモンジ）といいます。

例文

오늘은 미세먼지 때문에 밖에 못 나가요.
オヌルン ミセモンジ テムネ パッケ モン ナガヨ
→今日はPM2.5（PM10）で外に出られません。

人

391 | ひいおじいちゃん

증조 할아버지

[チュンジョハラボジ]

ひいおじいちゃんは純情ハラボジ

おじいちゃんより、もっと昔のひいおじいちゃんの時代は純情だったでしょうね。

こんぶPOINT

おじいちゃんは**할아버지**（ハラボジ）です（077）。
カタカナの読みは「チュンジョハラボジ」ですが、「ヂュンジョハラボジ」、つまり「ジュンジョハラボジ」にも聞こえます。

例文

증조할아버지는 요양원에 계세요.
チュンジョハラボジヌン ヨヤンウォネ ケセヨ
→ひいおじいちゃんは老人ホームにいます。

392 | ひいおばあちゃん

증조할머니

［チュンジョハルモニ］

ひいおばあちゃんは純情ハルモニ

ひいおばあちゃんも純情です。

こんぶPOINT

おばあちゃんは**할머니**（ハルモニ）です（091）。
カタカナの読みは「チュンジョハルモニ」ですが、「ヂュンジョハルモニ」、つまり「ジュンジョハルモニ」にも聞こえます。
ひ孫は**증손자**（チュンソンジャ）です。

例文

증조할머니가 아직도 건강하세요.
チュンジョハルモニガ アジゥト コンガンハセヨ

→ひいおばあちゃんはまだ元気です。

393 | ビール

맥주

［メクチュ］

ビールを飲んでほろ酔い、目ちゅ

ビールは飲んでもほろ酔いくらい？　口にチューするほど酔いませんが、目にチューはあるかもしれません。

こんぶPOINT

「ク」はパッチムです。
漢字で「麦酒」と書いて**맥주**（メクチュ）です。「生ビール」は**생맥주**（センメクチュ）です。

例文

여름에는 시원한 **맥주**를 마셔요.
ヨルメヌン シウォナン メクチュルル マショヨ

→夏には冷たいビールを飲みます。

状態

394 | ぴかぴか

반짝반짝

[パンチャㇰパンチャㇰ]

番茶でぴかぴか

番茶の出がらしで床を掃除すればぴかぴかになります。番茶、番茶でぴかぴか。

こんぶPOINT

カタカナの読みは「パンチャㇰパンチャㇰ」ですが、「パンチャッパンチャッ」に近い音になります。

例文

밤하늘에 별이 반짝반짝 빛나고 있어요.
パマヌレ ピョリ パンチャㇰパンチャㇰ ピンナゴ イッソヨ

→夜空に星がぴかぴか光っています。

自然

395 | 光

빛

[ピッ]

光がビッと走る

光はビッと走ります。

こんぶPOINT

カタカナの読みは「ピッ」ですが、「ビッ」にも聞こえます。
희망의 빛(ヒマンエ ピッ)「希望の光」など目に見えない光にも使えます。

例文

밝은 빛이 들어왔어요.
パルグン ピチ トゥロワッソヨ

→明るい光が入ってきました。

家

396 | 引き出し

서랍

［ソラプ］

引き出しから空

勉強机の引き出しのイメージです。引き出しを開けて、そこが空だったら夢みたいです。でも、実際はごちゃごちゃです。

こんぶPOINT

発音は「ソラプ」です。「プ」はパッチムなので、「ソラ」といった後に唇を素早くギュッと閉じるだけです。

例文

서랍 속 낡은 편지를 발견했어요.
ソラプ ソク ナルグン ピョンジルル パルギョネッソヨ

→引き出しの奥から古びた手紙を発見しました。

日常生活

397 | 弾く

치다

［チダ］

ギターを弾きすぎて血だ

ギターでもピアノでも弾きすぎると血が出ます。打つという意味もあるので、野球でホームランを打つなどボールを打つときにも使えます。

こんぶPOINT

「チ」は息を吐きだして発音する音なので、血が出てびっくりしたように「血だーー!!」と勢いよくいうとうまくいきます。

例文

기타를 치다.
キタルル チダ

→ギターを弾く。

398 | 美術

미술

［ミスル］

美術でミスる

美術でデッサンをしているときにミスってしまいました。美術って難しい。

こんぶPOINT

「ル」はパッチムなので「ル」とはっきりいうのではなく、「ミス」といった後に舌を口の中の天井部分に当てるだけです。

例文

나는 미술 시간을 가장 좋아했어요.
ナヌン ミスル シガヌル カジャン チョアヘッソヨ

→私は美術の時間が一番好きでした。

399 | 額（ひたい）

이마

［イマ］

額を今！　押さえて

額を今押さえると、今すぐ額を覚えらえます！　こんぶパンも実際にこの覚え方で覚えました。

こんぶPOINT

実際にすることで覚えやすくなるので、ぜひ今、額を押さえて覚えてみてください。

例文

이마가 점점 넓어지고 있어요.
イマガ チョムジョム ノルボジゴ イッソヨ

→額がだんだん広くなっています。

400 | 羊

양

［ヤン］

羊がヤン♥

羊が毛を刈られてヤン♥裸になっちゃいました。韓国では羊肉をよく食べるので、よく使う単語です。

こんぶPOINT

発音は**양**（ヤン）で「ㅇ」のパッチムがあります。「ㅇ」のパッチムはセクシーに「ヤ～ン♥」というとうまくいきます。
羊肉は**양고기**（ヤンゴギ）です。

例文

집 앞에 맛있는 양고기 집이 생겼어요.
チプ アペ マシンヌン ヤンゴギ チビ センギョッソヨ

→家の前においしい羊肉のお店ができました。

401 | ひどい

심하다

［シマダ］

ひどい、島だ！

島にゴミが捨てられるのを見て、ひどいといっています。島なのかゴミなのかわからないほどになっていますが、島だ（**심하다**）…。

こんぶPOINT

恋人にひどいことをいわれたときや、怪我がひどいとき、被害がひどいときなどさまざまな状態に使えます。

例文

지진 피해가 심하다.
チジン ピヘガ シマダ

→地震の被害がひどい。

402 | ひとつ

하나

［ハナ］

ひとつの花

花は同じように見えて、ひとつひとつ違います。『世界に一つだけの花』の歌のイメージで覚えて！

こんぶPOINT

日本語に「いち・に・さん」と「ひとつ・ふたつ・みっつ」の2つの数え方があるように、韓国語にもあります。**하나**（ハナ）は「いち」ではなく「ひとつ」です。

例文

비빔밥 하나랑 된장찌개 하나 주세요.
ピビムパプ ハナラン トェンジャンチゲ ハナ チュセヨ

→ビビンバひとつと味噌チゲひとつください。

403 | 暇だ

한가하다

［ハンガハダ］

暇なときは版画派だ

暇なときは何をしますか？　版画なんていかがでしょう？　テレビ派でも読書派でもない、私は版画派だ！

こんぶPOINT

한가하다（ハンガハダ）は余裕があるという意味の「暇だ」です。漢字で「閑暇」と書きます。退屈という意味の「暇だ」には**심심하다**（シムシマダ）（262）を使います。

例文

오늘은 일이 많지 않아서 한가하다.
オヌルン イリ マンチ アナソ ハンガハダ

→今日は仕事が多くなくて暇だ。

404 | 秒

초

［チョ］

秒は超速い

秒って超速いです。だから、초（チョ）です。

こんぶPOINT

発音は「ちょう」ではなく、短く「チョ」といいます。かつ、超早く息を吐きだしながら「チョ」といえばバッチリです！

例文

1분 1초가 시급해요.
イルブン イルチョガ シグペヨ
→一分一秒が急がれます。

405 | ひりひり辛い

칼칼하다

［カルカラダ］

ひりひり辛い物を食べて、軽体

韓国人はひりひり辛いものを食べると、体がすっきり軽くなったように感じるらしいです。

こんぶPOINT

「辛い」は**맵다**（メプタ）です。**칼칼하다**（カルカラダ）以外にも、韓国語には辛い味の表現がたくさんあります。

例文

김치찌개는 칼칼하다.
キムチッチゲヌン カルカラダ
→キムチチゲはひりひり辛い。

406 | 昼、昼ご飯

점심

[チョムシム]

昼、超無心で昼ご飯を食べる

どれほどお腹がすいていたのでしょうか。昼ご飯を超無心で食べています。

こんぶPOINT

「昼」と「昼ご飯」の2つの意味があります。「昼」はほかに낮（ナッ）という単語もあり、こちらは「日中」や「昼間」など、太陽の上がっている明るい時間帯を指します。

例文

점심에 뭐 먹을까?
チョムシメ ムォ モグルカ

→昼何食べようか？

407 | ファン

팬

[ペン]

ファンがペンライトを振る

韓流スターのファンがコンサートでペンライトを振っています。あなたのペンなんです！

こんぶPOINT

芸能人とファンとの交流イベントを팬미팅（ペンミティン）「ファンミーティング」といいます。

例文

다음 주에 팬 미팅이 열려요.
タウム チュエ ペン ミティンイ ヨルリョヨ

→来週、ファンミーティングが開かれます。

408 | 不安

불안

［プラン］

プランプランだと不安

足を置くところのないジェットコースターは、不安がいっぱい！何事も、プランプランだと不安ですよね。

こんぶPOINT

불안（プラン）だけだと名詞ですが、**불안하다**（プラナダ）と**하다**（ハダ）をつけると「不安だ」という形容詞になります。

例文

혼자 여행 다니는 것은 조금 불안하다.
ホンジャ ヨヘン タニヌン ゴスン チョグム プラナダ

→一人旅行するのは少し不安だ。

409 | フォーク

포크

［ポク］

フォークで ポークを食べる

韓国ではスプーンと箸で食事をしますが、洋食やトンカツなどを食べるときはフォークも使います。少しの違いですが、覚えておくと通じやすくなります。

こんぶPOINT

カタカナの読みは「ポク」ですが、「ポーク」にも聞こえます。韓国語はfの音がパピプペポとなることが多いです。

例文

사과를 포크로 찍어 먹었어요.
サグァルル ポクロ チゴ モゴッソヨ

→りんごをフォークで刺して食べました。

趣味

410 | 吹き替え

더빙

［トビン］

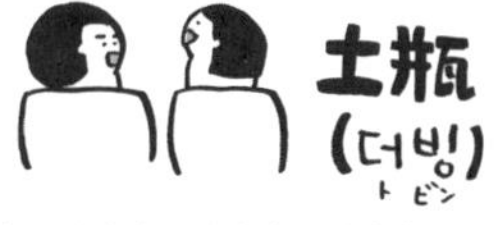

アラジンで土瓶の吹き替え

アラジンの映画を吹き替えで観ると、ランプではなく土瓶が!?

こんぶPOINT

カタカナの読みは「トビン」ですが、「ドビン」にも聞こえます。
더빙（トビン）は英語の「dubbing」の韓国語の読み方です。日本語で「ダビング」のことです。

例文

더빙된 영화가 보기 편해요.
トビンドェン ニョンファガ ポギ ピョネヨ

→**吹き替えの映画は観やすいです。**

日常生活

411 | 拭く

닦아

［タッカ］

拭くのはたっか〜いもの

何かを拭くときは、買ったばかりのスマホやパソコンや瓶や絵や高いものが多いです。たっか〜といいながら拭きます。

こんぶPOINT

基本形は**닦다**（タクタ）です。
丁寧にいうときは**닦아요**（タッカヨ）といいます。

例文

밥 먹을 거니까 테이블 닦아.
パム モグル コニッカ テイブル タッカ

→**ご飯食べるからテーブル拭いて。**

衣服

412 | 服

옷

［オッ］

おっ！　すてきな服！

韓国の街を歩いていると、おっ！という服に出合います。とくに、市場を歩くおばちゃんの服はみんなド派手で「おっ！ おっ！ おっ！」と驚きっぱなしです。

こんぶPOINT

「服を着る」は**옷을 입다**（オスル イプタ）、「服を脱ぐ」は**옷을 벗다**（オスル ポッタ）です。

例文

옷 입어 봐도 돼요?
オッ イボ ボァド トェヨ
→服、着てみてもいいですか？

からだ

413 | ふくらはぎ

종아리

［チョンアリ］

ふくらはぎに ちょんちょんとアリが

山の中に入っていったら、ふくらはぎにちょんちょんとアリがのぼってきました。ふくらはぎって地面から近いので虫がのぼってきやすいですよね。

例文

종아리 근육이 뭉쳤어요.
チョンアリ クニュギ ムンチョッソヨ
→ふくらはぎの筋肉が凝り固まりました。

414 | 二重（ふたえ）

쌍꺼풀

［サンコプル］

韓国では3カップルに1組が二重

実際、韓国では32％の女性が生まれつきの二重らしいです。

こんぶPOINT

カタカナの読みは「サンコプル」ですが、「サンコップル」にも聞こえます。ただ、「コ」は「カ」にも近い「コ」の音なので、「サンカップル」でも通じます。

例文

쌍꺼풀 수술했어?

サンコプル ススレッソ

→**二重**の手術した？

415 | 豚

돼지

［トェジ］

豚はデジタルで管理

人気韓国料理といえば豚肉の三枚肉、**삼겹살**（サムギョプサル）です。豚肉の消費量も圧倒的に多い韓国。デジタルで管理しなければ飼育がおいつかないかも？

こんぶPOINT

돼지（トェジ）は早くいうと「テジ」に聞こえます。また、実際には「テジ」でも「デジ」でも通じます。

例文

돼지고기로 제육볶음을 만들어요.

トェジゴギロ チェユクポックムル マンドゥロヨ

→**豚**肉で豚肉炒めを作ります。

416 | 二人きり

단둘이

［タンドゥリ］

二人きりで タンドリーチキン

二人きりになったら、特別感があっておしゃれなところに行きたいですね。インド料理屋さんで二人きりでタンドリーチキンを食べるのはどうでしょう？　二人きりでタンドリーです。

こんぶPOINT

正確な発音は「タンドゥリ」です。

例文

단둘이 주말에 데이트를 했어요.
タンドゥリ チュマレ テイトゥルル ヘッソヨ

→二人きりで週末デートをしました。

417 | ぶどう

포도

［ポド］

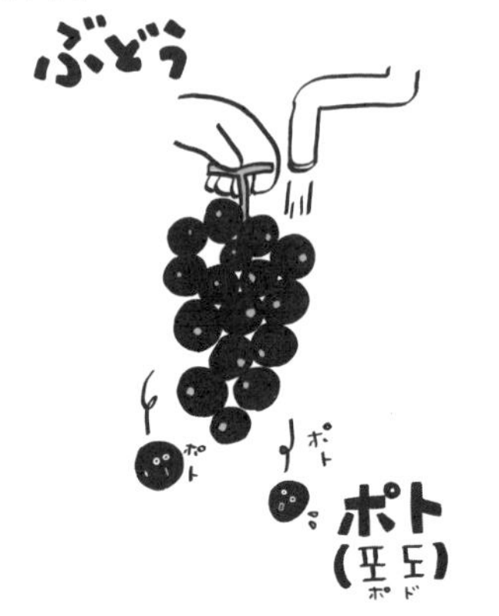

ぶどうがポトっと落ちる

ぶどうは洗うとポトポト落ちます。どこに落ちるかで音は違いますが、流し台ならポド……という鈍い音かもしれません。

こんぶPOINT

発音は「ポド」です。韓国語も漢字で「葡萄」と書きます。
葡萄酒（ワイン）は**포도주**（ポドジュ）といいます（490）。

例文

이 껌은 포도 맛이에요.
イ コムン ポド マシエヨ

→このガムはぶどう味です。

418 | 太もも

허벅지

［ホボクチ］

太ももはムダ毛の放牧地

太ももって隠れているのでムダ毛がそのままです（…ですよね？）。だから、太ももは放牧地です。

こんぶPOINT

「ほうぼくち」より、短く「ほぼくち」といった方が自然です。
より正確な発音は「ホボクチ」で「ク」はパッチムなので、「ホボッチ」にも近い発音になります。

例文

허벅지가 굵어요.
ホボクチガ クルゴヨ

→太ももが太いです。

419 | 布団

이불

［イブル］

布団を燻る

韓国の住居はオンドル（床暖房）なので、布団は燻られたように熱くなります。

こんぶPOINT

「ル」はパッチムなので「ル」とはっきりいわず、「イブ」といった後に舌を口の中の天井部分に当てるだけです。
「枕」は**베개**（ペゲ）です。

例文

이불 덮고 자지 않으면 감기 들어요.
イブル トプコ チャジ アヌミョン カムギ トゥロヨ

→布団かけて寝ないと風邪引きます。

420 | 冬

겨울

［キョウル］

冬は巨(きょ)ウール

冬は巨大なウールコートを買って、巨ウール。

こんぶPOINT

春（385）・夏（333）・秋（005）・冬でゴロがストーリーになっているので、春・夏・秋も一緒に覚えると覚えやすいです。春から順に覚えると、冬は秋に貯めたお金で巨ウールを買っています。

例文

겨울옷을 사러 가요.
キョウロスル サロ カヨ

→冬の服を買いに行きます。

421 | ブランコ

그네

［クネ］

ブランコがくねくね

小さい頃、ブランコのくさりを揺らして遊びませんでしたか？　すねに当たらないよう要注意です。

こんぶPOINT

「滑り台」は**미끄럼틀**（ミックロムトゥル）です。

例文

놀이터에서 그네를 타고 놀았어요.
ノリトエソ クネルル タゴ ノラッソヨ

→遊び場（公園）でブランコに乗って遊びました。

家

422 | 風呂場

욕실

［ヨㇰシㇽ］

風呂場の使い方をよく知る

韓国はお風呂とトイレが一緒になっていることが多く、そこを**욕실**（ヨㇰシㇽ）といいます。使い方を知っていないと、故障の原因になります。

こんぶPOINT

漢字で「浴室」です。「トイレ」だけは**화장실**（ファジャンシㇽ）「化粧室」です。

例文

욕실이 미끄러우니까 넘어지지 않게 조심해요.
ヨㇰシリ ミックロウニッカ ノモジジ アンケ チョシメヨ

→風呂場は滑るから転ばないように注意してください。

装飾品

423 | ヘアーゴム

머리끈

［モリックン］

森君のヘアーゴム

ロングヘアーが自慢の森君がヘアーゴムでかっこよくまとめています。

こんぶPOINT

머리（モリ）（014）は「頭」や「髪」を意味し、**끈**（クン）は「ひも」という意味です。
発音は「モリックン」と少し森君を弾ませると自然です。

例文

머리끈보다 머리띠를 갖고 싶어요.
モリックンボダ モリッティルㇽ カッコ シポヨ

→ヘアーゴムよりカチューシャがほしいです。

は

6

日用品

424 | ベッド

침대

[チムデ]

ベッドでちん出

ベッドでおちんちんが出たまま、眠ってしまう男の子っていますよね……。

こんぶPOINT

発音は「チムデ」で、「ム」はパッチムです。「ム」とはっきりいうのではなく、「チ」といった後に唇を閉じるだけです。
漢字では「寝台」です。

例文

푹신한 침대에서 잠을 자요.
ポㇰシナン チムデエソ チャムル チャヨ

→ふわふわしたベッドで眠ります。

食べ物

425 | 弁当

도시락

[トシラㇰ]

弁当は歳が楽

子供にキャラ弁を作るのは大変ですが、歳を取ると煮しめだけでいいので楽です。お弁当は歳を取るほど楽なので、歳楽(としらく)です。

こんぶPOINT

韓国にキャラ弁文化はありません。のり巻きやおにぎり、簡単なおかずをタッパーに入れるだけで、歳じゃなくても楽です。

例文

엄마가 매일 도시락을 싸 줬어요.
オムマガ メイル トシラグル サ ジュォッソヨ

→お母さんが毎日お弁当を包んでくれました。

426 | 保育園

어린이집

［オリニジㇷ゚］

保育園で折り紙で虹作り

保育園で子供が折り紙をちぎって虹を作っているところです。保育園では折り紙でよく遊びますね。

こんぶPOINT

「ジ」をいった後に唇をギュッと閉じてください。閉じるだけで「プ」のパッチムができます。

例文

우리 아이는 어제부터 어린이집에 다니고 있어요.
ウリ アイヌン オジェブト オリニジベ タニゴ イッソヨ

→うちの子は昨日から保育園に通っています。

427 | 帽子

모자

［モジャ］

帽子でもじゃもじゃ頭を隠す

韓国の大学生はよく帽子をかぶっていますが、それはセットしていないもじゃ頭を隠すためかも？

こんぶPOINT

「帽子をかぶる」は**모자를 쓰다**（モジャルル スダ）、「帽子を脱ぐ」は**모자를 벗다**（モジャルル ポッタ）です。

例文

더운 날에는 모자를 써요.
トウン ナレヌン モジャルル ソヨ

→暑い日は帽子をかぶります。

428 | ボール

공

［コン］

ボールがこんこんこん転がる

ボールは丸いので、こんこんこんと転がっていっちゃいます。

こんぶPOINT

発音は「ゴン」にも近い柔らかい音です。豆も**콩**（コン）（444）ですが、こちらは咳をコンコンとするように、息を吐きながら発音する音です。

例文

강아지는 공놀이를 좋아해요.
カンアジヌン コンノリルル チョアヘヨ

→ 犬はボール遊びが好きです。

429 | 干す

널어

［ノロ］

ノロを干す

日光で干すことには殺菌効果もあります。ノロウイルスで汚れた子供の服を干しています。

こんぶPOINT

基本形は**널다**（ノルダ）です。
洗濯物や布団を干すときに使います。魚やドライフルーツなどを干すというときは**말리다**（マルリダ）を使います。

例文

빨래 널어.
パルレ ノロ

→ 洗濯物を干して。

430 | ほっぺた

볼

［ポル］

ほっぺたがボールみたい

ほっぺたがボールみたいです。赤ちゃんのほっぺたって、丸くてボールみたいですよね。

こんぶPOINT

カタカナの読みは「ポル」ですが、「ボル」にも聞こえます。
「ほっぺた」は**뺨**（ピャム）という単語もあります。こちらは「頬」というニュアンスです。

例文

가볍게 볼에 뽀뽀했어요.
カビョッケ ポレ ポッポヘッソヨ

→軽くほっぺたにチューしました。

431 | 歩道

인도

［インド］

韓国の歩道はインドにつながる

韓国の歩道を歩いて行けば、インドまで行けるかもしれません。

こんぶPOINT

漢字で「人道」と書きます。「歩道」という漢字を使った**보도**（ポド）もありますが、**횡단보도**（フェンダンボド）「横断歩道」や**보도블럭**（ポドブルロㇰ）「歩道ブロック」などほかの言葉にくっつけて使います。

例文

자전거는 인도로 다니면 안 돼.
チャジョンゴヌン インドロ タニミョン アン ドェ

→自転車は歩道を通っちゃダメ。

432 | ほほえみ

미소

[ミソ]

ほほえみがみそ

どんなときでも、ほほえみがみそです。

こんぶPOINT

漢字で「微笑」です。
日本語の「微笑」という意味もありますが、「ほほえみ」や「笑顔」という意味でも使います。

例文

그녀는 미소가 아름다워요.
クニョヌン ミソガ アルムダウォヨ

→彼女はほほえみが美しいです。

433 | 本

책

[チェㇰ]

本をチェック

本を読みながら、大事なところや心に残ったところをチェックしています。

こんぶPOINT

発音は「チェㇰ」で「ㇰ」はパッチムです。「ㇰ」とはっきりいわず、「チェッ」のように発音すると自然です。

例文

커피를 마시면서 책을 읽어요.
コピルㇽ マシミョンソ チェグㇽ イㇽゴヨ

→コーヒーを飲みながら本を読みます。

434 | 翻訳

번역

［ポニョｸ］

ポニョを翻訳

ポニョは魚の子です。魚の言葉で書いてあるので、人間の言葉に翻訳しています。

こんぶPOINT

「翻訳」に似た言葉に「通訳」があります。「通訳」は**통역**（トンヨｸ）といいます。翻訳は文字を訳し、通訳は音声を訳します。

例文

이 편지를 번역해 줄래?
イ ピョンジルﾙ ポニョケ ジュﾙレ

→この手紙を翻訳してくれる？

COLUMN

家族でもフルネームで呼ぶ

韓国では結婚しても名字が変わりません。子供は父親の姓を継ぎ、一般的には生まれてから死ぬまで同じ名字と名前です。そのため、韓国人にとっては名字と名前がセットで「自分の名前」という意識が強いです。韓国では家族であっても、名字を入れてフルネームで呼ぶことがあります。ただ、親や兄姉など年上には使いません。フルネームで呼ぶ意味はたくさんありますが、注意を促すときや怒るときなどに使います。夫婦間や恋人同士、親しい友達にも使います。

音声は TRACK 7

ま行

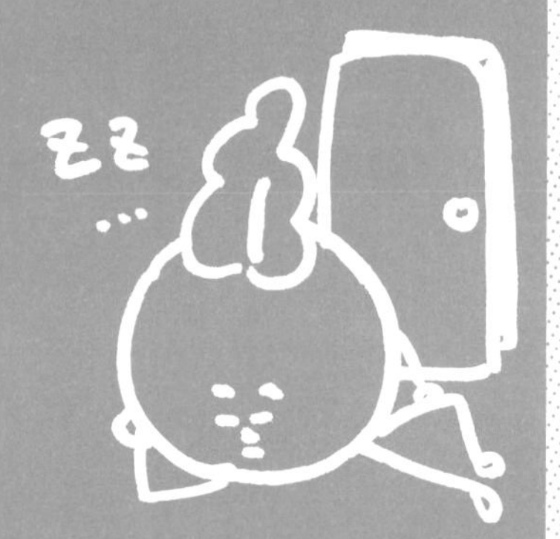

期間・時

435 | 毎月

매달

［メダル］

毎月 メダル

毎月メダルをもらっています。学校や会社でも毎月メダルがもらえるといいですね。

こんぶPOINT

「毎月」には**매달**（メダル）と**매월**（メウォル）の2つの言い方があります。**매달**（メダル）は会話でよく使います。**매월**（メウォル）は会話でも文章でもどちらでも使われます。

例文

매달 핸드폰 요금을 내요.
メダル ヘンドゥポン ヨグムル ネヨ
→毎月ケータイの料金を払います。

436 | 毎日

매일

[メイル]

毎日 滅入る

毎日仕事では、気が滅入ってしまいますね。

こんぶPOINT

会話では**맨날**（メンナル）（050）も毎日という意味でよく使います。

例文

살 빼려고 매일 운동을 하고 있어요.
サル ペリョゴ メイル ウンドンウル ハゴ イッソヨ

→やせようと思って**毎日**運動をしています。

437 | 巻貝

소라

[ソラ]

巻貝は空の下がうまい

巻貝は空の下で食べるのがおいしいですよね。

こんぶPOINT

特定の貝というよりは、くるくるしている貝全般を**소라**（ソラ）といいます。
「サザエ」は**뿔소라**（プルソラ）です。

例文

소라를 삶아 먹자.
ソラルル サルマ モクチャ

→**巻貝**をゆでて食べよう。

438 | マクワウリ

참외

［チャムェ］

お茶目なマクワウリ

韓国でマクワウリは、りんごやみかんのように、よく食べられる果物です。夏になるとスイカかマクワウリかというほどの人気です。人気の理由はお茶目だから!?

こんぶPOINT

発音は「チャムェ」ですが、早くいうと「チャメ」に聞こえます。

例文

참외나 깎아 먹자.
チャムェナ カッカ モㇰチャ
→マクワウリでも剥いて食べよう。

439 | まずいです

맛없어요

［マドㇷ゚ソヨ］

ま～ドブっすよ。まずいです

まずい!!　ま～ドブみたいな味っすよ！

こんぶPOINT

何となくそう聞こえるというゴロなので、実際に通じるかどうかは状況次第です！
正確な発音は「マドプソヨ」で「プ」はパッチムなので、「マド」といった後にまずくてギュッと唇を閉じてください。そして続けて「ソヨ」といいます。

例文

아빠의 요리는 맛없어요.
アッパエ ヨリヌン マドㇷ゚ソヨ
→お父さんの料理はまずいです。

便利フレーズ

440 | また会いましょう

또 만나요

[ト マンナヨ]

また会いましょう、止まんなよ！

おなごり惜しいけど、また会いましょう、振り返らずに、止まんなよ!!!!

こんぶPOINT

発音は「ット、マンナヨ」と悲しくて息を詰まらせ「ット」といって、一回区切って「マンナヨ」というと自然です。
또（ト）は「また」、**만나요**（マンナヨ）は「会いましょう」という意味です。

例文

다음에 또 만나요.
タウメ ト マンナヨ

→今度また会いましょう。

期間・時

441 | 末（まつ）

말

[マル]

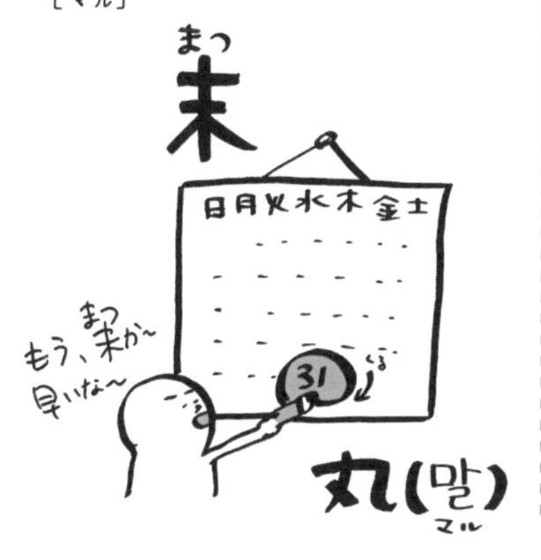

末に丸

カレンダーの末に丸をしています。月の最終日は、いろいろとやることがありますもんね。

こんぶPOINT

発音は「マル」で、「ル」はパッチムです。「ル」とはっきり発音せずに「マ」といった後に、舌を口の中の天井部分に当てるだけです。
「年末」は**연말**（ヨンマル）といいます。

例文

이번 달 말.
イボン タル マル

→今月末。

ま 7

442 | マッコリ

막걸리

［マㇰコㇽリ］

マッコリに凝る、マッ凝るり

マッコリはフルーツ味、コーヒー味などいろいろあります。マッコリに凝る人がたくさんいます。

こんぶPOINT

発音は日本でいうような「マッコリ」でも通じますが、正確な発音は「マㇰコㇽリ」で、「ル」のパッチムが入っています。「コ」の後に、舌を口の中の天井部分に当てて、続けて「リ」といいます。

例文

파전에는 역시 막걸리가 어울린다.
パジョネヌン ヨㇰシ マㇰコㇽリガ オウㇽリンダ

→チヂミにはやっぱりマッコリが合う。

443 | まな板

도마

［トマ］

まな板は土間にある

昔、まな板は土間にありました。だから、まな板は「ドマ」です！

こんぶPOINT

カタカナの読みは「トマ」ですが、「ドマ」にも聞こえます。

例文

도마 위에서 생선을 손질해요.
トマ ウィエソ センソヌㇽ ソンジレヨ

→まな板の上で魚をさばきます。

食べ物

444 | 豆

콩

[コン]

豆がコンコンコンと転がる

豆って小さくてツルツル滑って、箸でつかむとコンコンコンと転がっちゃいます。

こんぶPOINT

発音は咳をするように息を吐きながら「コン」というと上手にできます。
ボールも공（コン）（428）ですが、豆の콩（コン）より柔らかい発音で「ゴン」に近いです。

例文

콩을 갈아서 콩국수를 만들어요.
コンウル カラソ コングゥスルル マンドゥロヨ

→豆をひいて豆グクスを作ります。

日常生活

445 | 回る

돌아

[トラ]

回る回るトラが回る

ぐるぐる回るのは……トラ。トラが回ってバターになるという『ちびくろサンボ』のお話のイメージです。

こんぶPOINT

基本形は돌다（トルダ）です。
丁寧にいうときは돌아요（トラヨ）といいます。

例文

나는 매일 운동장을 빙빙 돌아.
ナヌン メイル ウンドンジャンウル ピンビン トラ

→私は毎日運動場をぐるぐる回る。

446 | 見える

보인다

［ポインダ］

見える！　ボインだ！

何でも透けて見える眼鏡をかけると……見える！　ボインだ～!!!!

こんぶPOINT

カタカナの読みは「ポインダ」ですが、「ボインダ」にも聞こえます。
基本形は**보이다**（ポイダ）です。「ンダ」で終わる形にすると、イラストのように独り言にも使えます。

例文

호텔 방에서 남산타워가 잘 보인다.
ホテル パンエソ ナムサンタウォガ チャル ポインダ

→ホテルの部屋から南山タワーがよく見える。

447 | みかん

귤

［キュル］

みかんでお腹がキュルキュル

みかんを食べすぎて、お腹がキュルキュルになっちゃいました。みかんって、こたつの上にあるとついつい食べちゃいますよね。

こんぶPOINT

「ル」はパッチムなので、「ル」とはっきりいわず、「キュ」といった後に舌を口の中の天井部分に当てるだけです。

例文

귤보다 사과를 더 좋아해요.
キュルボダ サグァルル ト チョアヘヨ

→みかんよりりんごが好きです。

448 | ミス

실수

［シルス］

ミスを記(しる)す

ミスをいちいち記しています。学校や職場にも他人のミスばかりを記すような人がいるのでは？

こんぶPOINT

漢字で「失手」です。「失敗」とも訳せます。
「ル」はパッチムなので、「ル」とはっきりいわず、「シ」といった後に舌を口の中の天井部分に当てるだけです。

例文

실수를 줄이기 위해 연습을 많이 했어요.
シルスルル チュリギ ウィヘ ヨンスブル マニ ヘッソヨ

→ミスを減らすため、練習をたくさんしました。

449 | 湖

호수

［ホス］

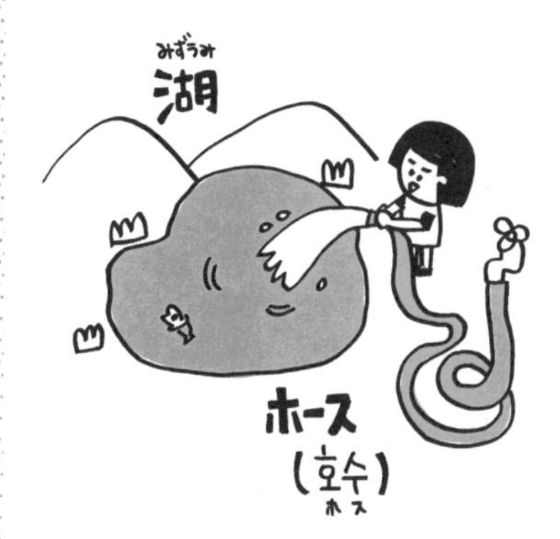

湖をホースで作る

湖を作ろうとホースで水を入れています。水が溜まるまでどれくらいかかるのでしょうか。

こんぶPOINT

漢字で「湖水」です。
「海」は**바다**（パダ）、川は**강**（カン）、「池」は**연못**（ヨンモッ）です。

例文

여기는 큰 호수가 유명해요.
ヨギヌン クン ホスガ ユミョンヘヨ

→ここは大きな湖が有名です。

450 | 水だ

물이다

［ムリダ］

水だ、無理だー！

水が苦手な人は、顔をつけるのもダメですよね。水を見た瞬間、無理だーー!!!!　となります。ちなみに、韓国の学校では水泳の授業はなく、プールもありません。

こんぶPOINT

このゴロは「水だ」と「だ」まで入れたゴロです。「水」は물（ムル）、「だ」は**이다**（イダ）で、つなげて**물이다**（ムリダ）です。

例文

갈증에 제일 좋은 건 물이다.
カルチュンエ チェイル チョウン ゴン ムリダ

→喉の渇きに一番いいのは水だ。

451 | 道

길

［キル］

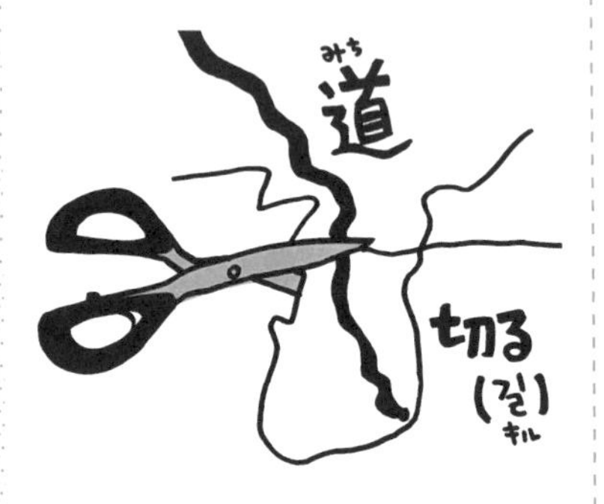

道を切る

朝鮮半島は道が38度線で切れています。だから、道は切るです。ただ、実際には道路が通っているので、許可さえあれば陸路でも行き来できます。

こんぶPOINT

「ル」はパッチムなので、はっきり「ル」とはいわず、「キ」をいった後に舌を口の中の天井部分に当てるだけです。

例文

길을 잃었어요.
キルル イロッソヨ

→道に迷いました。

452 | 道で

길에서

[キレソ]

道で キレそ

韓国の道では人とぶつかることがよくあります。でも、キレそうにならないでくださいね。ぶつかっているのではなく、風が通り過ぎた程度の感覚ですから。

こんぶPOINT

「道」は**길**（キル）（451）です。「で」が**에서**（エソ）で、くっつけて**길에서**（キレソ）になります。

例文

길에서 우연히 친구를 만났어요.
キレソ ウヨニ チングルル マンナッソヨ

→道で偶然、友達に会いました。

453 | 見てみて

봐 봐

[ポァ ボァ]

見てみて、ババァ！

きれいなお姉さんだと思ったら、ババァだった……。ただ、韓国人がババァというのは、ババァだからではありません。「見てみて」といっているんです。

こんぶPOINT

発音は「ポァ ボァ」ですが、早くいうと「ババァ」に聞こえます。

例文

여기 와서 이것 좀 봐 봐.
ヨギ ワソ イゴッ チョム ポァ ボァ

→ここ来てこれちょっと見てみて。

454 | ミネラルウォーター

생수

［センス］

ミネラルウォーターを潜水して汲んでくる

海洋深層水でしょうか？　ミネラルウォーターを潜水して取ってきています。

こんぶPOINT

発音は「せんすい」の「い」を取って「センス」です。
漢字で「生水」と書きます。

例文

편의점에서 생수 좀 사 와줄래?
ピョニジョメソ センス チョム サ ワ ジュルレ

→コンビニでミネラルウォーターをちょっと買ってきてくれる？

455 | 耳

귀

［クィ］

耳に杭が

耳に杭がささってます。聞いているのか、聞いていないのか……。

こんぶPOINT

発音は「クィ」です。「クイ」を早くいいます。もっと早くいうと「キ」にも聞こえます。

例文

귀가 얇아서 물건을 많이 사와요.
クィガ ヤルバソ ムルゴヌル マニ サワヨ

→耳が薄くて（人の意見に左右されやすく）、物をたくさん買ってきます。

456 | 未来

미래

[ミレ]

未来を見とれ!

過去ばかり見てないで、未来を見ましょう。

こんぶPOINT

「現在」は**현재**(ヒョンジェ)、「過去」は**과거**(クァゴ)(103)です。

例文

아무도 미래는 알 수 없어요.

アムド ミレヌン アル ス オプソヨ

→誰も未来はわからないです。

457 | 魅力

매력

[メリョㇰ]

魅力は目力(めりょく)

人の魅力って目に出ませんか? 目力は「めぢから」ではなく「めりょく」と読んでください。

こんぶPOINT

発音は「メリョㇰ」の「ㇰ」はパッチムです。「メリョッ」にも近い音です。

例文

그녀는 웃음이 매력 포인트예요.

クニョヌン ウスミ メリョㇰ ポイントゥエヨ

→彼女は笑みが魅力のポイントです。

458 | 麦

보리

[ポリ]

麦をボリボリ食べる

韓国では麦ご飯の出るお店があります。白米より噛み応えがあるので、ボリボリ食べます。

こんぶPOINT

カタカナの読みは「ポリ」ですが、「ボリ」にも聞こえます。
韓国人は麦ご飯を食べると、おならが出るとよくいいます。
「麦ご飯」は**보리밥**（ポリバプ）です。

例文

시원한 보리차를 마시고 싶어요.
シウォナン ポリチャルル マシゴ シポヨ

→ 冷たい麦茶が飲みたいです。

459 | 虫眼鏡

돋보기

[トッポギ]

トッポギは虫眼鏡

トッポギくださいと屋台のおばちゃんにいうと、虫眼鏡が……。トッポギは甘辛いお餅の韓国料理ですが、じつはそのまま発音すると「虫眼鏡」という意味になります。トッポギは虫眼鏡、**떡볶이**（トッポッキ）が甘辛いお餅の料理です。

例文

돋보기로 손금을 봐요.
トッポギロ ソンクムル ポァヨ

→ 虫眼鏡で手相を見ます。

からだ

460 | 胸

가슴

［カスム］

胸がかすむ

あれれ？　胸のあたりがモザイクでかすむ……。

こんぶPOINT

「ム」はパッチムなので、「ム」とはっきりいわず、「カス」といった後に唇を閉じるだけです。
日本語で**가슴이 아프다**（カスミ アプダ）「胸が痛い」というように、実際の胸だけでなく、心という意味の胸にも使います。

例文

영화를 보고 가슴이 따뜻해졌어요.
ヨンファルル ポゴ カスミ タットゥテジョッソヨ

→映画を見て胸が温かくなりました。

コミュニケーション

461 | 迷信

미신

［ミシン］

ミシンの迷信

夜、ミシンをかけるとオバケが出る……という迷信はありませんが、韓国にも赤いペンで名前を書いてはいけないなどの迷信があります。

例文

미신을 믿어요?
ミシヌル ミドヨ

→迷信を信じますか？

462 | モグラ

두더지

［トゥドジ］

モグラがDoドジ（ドジをする）

モグラは穴掘りの名人です。そんなモグラも外では目が見えなくて、自分の堀った穴に落ちちゃいました。ドジをしちゃいましたね。

こんぶPOINT

カタカナの読みは「トゥドジ」ですが、「ドゥドジ」にも聞こえます。

例文

오락실에서 두더지 게임을 해요.
オラㇰシレソ トゥドジ ケイムㇽ ヘヨ

→ゲームセンターでモグラゲーム（モグラたたき）をします。

463 | もじもじ

머뭇머뭇

［モムンモムッ］

もじもじ

もじもじしながら、揉む揉む

彼女の体をもむっ、もむっとマッサージしていますが、本当に揉んでいいのかなともじもじ……。

こんぶPOINT

テレビのバラエティー番組のテロップに出てきます。
カタカナの読みは「モムンモムッ」ですが、実際には「モムッモムッ」とよくいいます。

例文

좋아하는 그녀 앞에서 머뭇머뭇거려요.
チョアハヌン クニョ アペソ モムンモムッコリョヨ

→好きな彼女の前でもじもじします。

464 | 戻してきて

갖다 놔

［カッタ ヌァ］

刀、戻してきて

お母さんが、子供におもちゃの刀を戻してきてといっています。刀はちょっと物騒ですからね。

こんぶPOINT

発音は「カッタ ヌァ」ですが、早くいうと「カッタナ」に聞こえます。
갖다 놓다（カッタ ノタ）から**갖다 놓아**（カッタ ノア）になり、会話では縮まって**갖다 놔**（カッタ ヌァ）になります。

例文

이거 다시 갖다 놔.
イゴ タシ カッタ ヌァ

→これまた戻してきて。

465 | もみあげ

구렛나루

［クレンナル］

もみあげがグレーになる

濃いもみあげは、剃るとグレーになりますね。

こんぶPOINT

カタカナの読みは「クレンナル」ですが、「グレンナル」にも聞こえます。
標準語は**구레나룻**（クレナルッ）ですが、会話では**구렛나루**（クレンナル）をよく使います。テストで書いたら間違いになるかもしれませんが、実際の会話でよく使われます。

例文

그는 구렛나루를 기르고 있어요.
クヌン クレンナルルル キルゴ イッソヨ

→彼はもみあげを伸ばしています。

466 | 模様

무늬

［ムニ］

模様は無二

韓国にはいろんな模様があります。組み合わせ方次第で唯一無二の模様になります。

こんぶPOINT

ハングルでは**무늬**（ムヌィ）と書きますが、実際の発音は「ムニ」です。
「チェック模様」は**체크무늬**（チェクムニ）、「しま模様」は**줄무늬**（チュルムニ）といいます。

例文

무늬 없는 옷 있어요?
ムニ オㇺヌン オッ イッソヨ
→模様がない服、ありますか？

467 | もらう

받다

［パッタ］

バッタもんをもらう

バッタもんをもらうのはちょっと嬉しくないですね……。

こんぶPOINT

「あげる」は**주다**（チュダ）です。「バッタもん」は**짝퉁**（チャㇰトゥン）です。

例文

거스름돈을 받다.
コスルㇺトヌㇽ パッタ
→おつりをもらう。

音声は TRACK 8

人

468 | ヤクザ

깡패

[カンペ]

ヤクザがカンペを見る

気弱なヤクザが怖がらせようと、カンペを見ながら喋っています。まだなりたてのヤクザのようです。

こんぶPOINT

日本語の「ヤクザ」といっても通じます。

例文

골목길에서 깡패를 만났어요.

コルモㇰキレソ カンペルル マンナッソヨ

→路地でヤクザに会いました。

や

8

469 | ヤクルト

요구르트

［ヨグルトゥ］

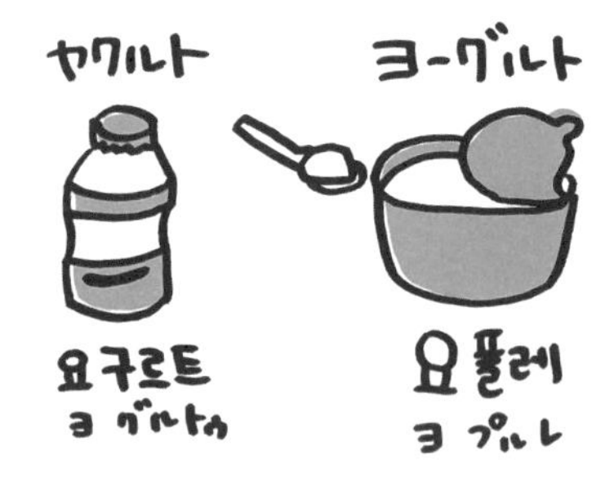

ヤクルトはヨーグルト

韓国ではヤクルトをサービスでくれるお店もありますが、ヨーグルトといわれてもヤクルトが出てくるので、びっくりしないでください。

こんぶPOINT

ヤクルトの類似品も**요구르트**（ヨグルトゥ）といいます。

例文

식당에서 밥 먹고 난 후 요구르트를 서비스로 받았어요.
シクタンエソ パム モクコ ナン フ ヨグルトゥルル ソビスロ パダッソヨ

→食堂でご飯を食べた後、ヤクルトをサービスでもらいました。

470 | 屋根

지붕

［チブン］

屋根も自分です

家にとっては、屋根も自分の一部なので、「自分っス」といっています。

こんぶPOINT

カタカナの読みは「チブン」ですが、「ヂブン」、つまり「ジブン」にも聞こえます。

例文

태풍에 지붕이 날아갔어요.
テプンエ チブンイ ナラガッソヨ

→台風で屋根が飛んでいきました。

便利フレーズ

471 | やめて

그만해

［クマネ］

やめて！　あなた熊ね！

熊が襲ってきたので、「やめて！熊ね！」と叫んだらどこかへ行ってしまいました。韓国語のわかる熊のようです。

こんぶPOINT

基本形の「やめる」は**그만하다**（クマナダ）です。

例文

이제 싸움은 그만해.
イジェ サウムン クマネ

→もう喧嘩はやめて。

状態

472 | やわらぐ

누그러져

［ヌグロジョ］

寒さがやわらいで、脱ぐ路上で

寒さがやわらぐと、途中で暑くなって路上でも脱いじゃいます。

こんぶPOINT

基本形は**누그러지다**（ヌグロジダ）です。丁寧に「やわらぎます」というときは**누그러져요**（ヌグロジョヨ）です。寒さ以外にも心がやわらぐときにも使えます。

例文

추위가 누그러져 야외에 나가기 좋아요.
チュウィガ ヌグロジョ ヤウェエ ナガギ チョアヨ

→寒さがやわらぎ、野外に出るのにいいです。

473 | 夕方

저녁

［チョニョク］

夕方は腸に良いものを

夕方は、腸に良く消化にいいものを食べましょう。お粥やヨーグルトなどはいかがでしょう？

こんぶPOINT

薄暗い時間の「夕方」という意味以外にも「夕飯」という意味もあります。より正確に「夕飯」と伝えたいときは**저녁밥**（チョニョクパプ）です

例文

일 끝나고 저녁에 만나요.
イル クンナゴ チョニョゲ マンナヨ

→仕事が終わって夕方会いましょう。

474 | 誘惑する

꼬시다

［コシダ］

誘惑するのは腰だ

腰で誘惑です！　フリフリ！

こんぶPOINT

異性を誘惑する以外にも、誰かを「誘う」という意味でよく使います。
発音は「ッコシダ」というとより自然です。

例文

남자를 꼬시다.
ナムジャルル コシダ

→男を誘惑する。

自然

475 | 雪

눈

［ヌン］

雪は濡れん

雪は雨のように濡れん！　ちなみに、韓国の冬は氷点下で寒く、雪も結晶のまま舞い降りることがあります。だから、本当に濡れん！

こんぶPOINT

発音は「ぬれん」の「れ」を取って、「ヌン」です。

例文

눈 내리는 화이트 크리스마스.
ヌン ネリヌン ファイトゥ クリスマス

→雪降るホワイトクリスマス。

装飾品

476 | 指輪

반지

［パンジ］

パンジーの指輪

小さい頃、お花で指輪を作ったことありませんか？　シロツメクサもいいですが、カラフルなパンジーの指輪もすてきですね。

こんぶPOINT

発音は「パンジ」と短くした方が自然です。
映画『ロード・オブ・ザ・リング』は韓国語で『**반지의 제왕**（パンジエ ジェワン：指輪の帝王）』といいます。

例文

결혼반지 안 껴?
キョロンバンジ アン キョ

→結婚指輪はめないの？

477 | 湯船

탕

[タン]

湯船に痰が浮いている

湯に痰が浮いていたら、とても嫌ですね……。

こんぶPOINT

女湯は**여탕**（ヨタン）、男湯は**남탕**（ナムタン）、銭湯は**목욕탕**（モギョクタン：沐浴湯）といいます。シャワーや給湯器から出る「お湯」は**온수**（オンス：温水）、お茶を入れるときや料理するときの「お湯」は**뜨거운 물**（トゥゴウン ムル：熱い水）といいます。

例文

피로를 풀려고 탕에 들어갔어요.
ピロルル プルリョゴ タンエ トゥロガッソヨ

→疲労を取ろうと湯船に入りました。

478 | 夢

꿈

[クム]

夢を組む

将来の夢を叶えるため、これからどうするか計画を組んでいます。

こんぶPOINT

実際の発音は「ツクム」と前に「ッ」を入れるとより自然です。また、「ム」はパッチムなので「ク」といった後に唇を閉じるだけです。

例文

이루고 싶은 나의 꿈.
イルゴ シプン ナエ クム

→叶えたい私の夢。

479 | 夜

밤

［パム］

夜はバームクーヘン

夜にこっそり食べるバームクーヘン。食べちゃいけないけれど、ついつい食べちゃう、この幸せ。ぜひ一度バームクーヘンを食べて覚えてみてください。

こんぶPOINT

発音は「パム」にも「バム」にも聞こえます。

例文

밤 늦게까지 놀았어요.

パム ヌッケッカジ ノラッソヨ

→夜遅くまで遊びました。

COLUMN

「おばあさん」も「おばさん」も同じ!?

日本語では「おばあさん」と「おばさん」では意味が違います。でも、韓国人にとっては同じように聞こえています。韓国語にも音引きがある単語が存在しますが、実際には区別されません。たとえば代表的なもので**밤**（パム）「夜」（479）と**밤**（パーム）「栗」。こんぶパンの夫は高校のテスト勉強で暗記したから知っている程度といっています。韓国人に名前を呼ばれるときは「おおしま」さんが「おしま」さん、「かとう」さんが「かと」さんになるかもしれません。

音声は TRACK 9

ら行

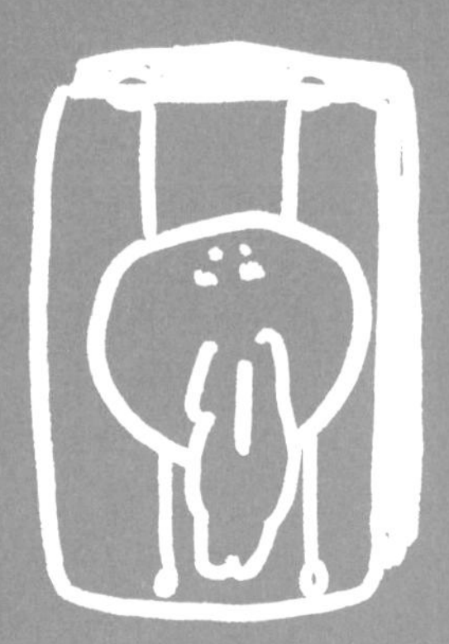

日常生活

480 | 落書き

낙서

[ナㇰソ]

落書きをなくそ

韓国で落書きをしている人を見たら、「なくそ！」といってみてください。バレた！　と思ってやめてくれるかもしれません。

こんぶPOINT

「ㇰ」はパッチムなので、軽く発音され「ナッソ」とも聞こえる音になります。
漢字では「落書」と書きます。

例文

낙서를 하면 안 돼요.
ナㇰソルㇽ ハミョン アン ドェヨ
→落書きをしてはいけません。

家

481 | リビング

거실

［コシル］

リビングで個知る

リビングはその人の「個」を知ることのできる場所です。人によって家具や配置、飾ってあるものが違って、その人の個を知ることができます。

こんぶPOINT

「ル」はパッチムなので「コシ」といった後に、舌を口の中の天井部分に当てるだけです。

例文

거실에 앉아서 텔레비전을 보고 있어요.
コシレ アンジャソ テルレビジョヌル ポゴ イッソヨ

→リビングに座ってテレビを見ています。

日常生活

482 | 両替

환전

［ファンジョン］

ジョンのファンが両替

ジョンのファンがジョンに会いに両替をしています。

こんぶPOINT

「ジョンファン」ではなく「ファンジョン」です。
하다（ハダ）をつけて**환전하다**（ファンジョナダ）で「両替する」という意味になります。
漢字で「換銭」と書きます。

例文

일본 엔화를 한국 원화로 환전해 주세요.
イルボン エヌァルル ハングク ウォヌァロ ファンジョネ ジュセヨ

→日本円を韓国ウォンに両替してください。

ら
9

483 | 料理

요리

［ヨリ］

腕によりをかけた料理

今日は腕によりをかけて料理しました！　韓国料理です！

こんぶPOINT

하다（ハダ）をつけて**요리하다**（ヨリハダ）で、「料理する」という意味になります。

例文

요리 솜씨가 좋으시네요.
ヨリ ソムシガ チョウシネヨ
→料理の腕がいいですね。

484 | 臨月

만삭

［マンサㇰ］

臨月はお腹が満開に咲く

臨月になるとお腹がパンパンになって、花が満開に咲いたようなお腹です。韓国では満開に咲いたお腹を撮るマタニティーフォト**만삭 사진**（マンサㇰ サジン）を撮る人がたくさんいます。

こんぶPOINT

「マンサㇰ」の「ク」はパッチムです。

例文

아내는 만삭이라 움직이기 힘들어요.
アネヌン マンサギラ ウムジギギ ヒムドゥロヨ
→妻は臨月で動くのが大変です。

食べ物

485 | りんご

사과

[サグァ]

りんごは佐賀

りんごは青森ではなく、佐賀！で覚えてください。

こんぶPOINT

正確な発音は「サグァ」ですが、早くいうと「サガ」に聞こえます。
「青りんご」は**아오리**（アオリ）といいます。

例文

아침에 사과 주스를 만들어 먹어요.
アチメ サグァ ジュスルル マンドゥロ モゴヨ
→朝、りんごジュースを作って飲みます。

日常生活

486 | 列

줄

[チュル]

長い列でじゅるじゅる、よだれが垂れる

長い列で待っている間、じゅるじゅるとよだれが垂れてきちゃいました。きっとおいしいお店なんでしょうね。

こんぶPOINT

カタカナの読みは「チュル」ですが、「ヂュル」つまり「ジュル」にも聞こえます。

例文

한 시간 줄 서서 먹었어요.
ハン シガン チュル ソソ モゴッソヨ
→1時間列に並んで食べました。

ら
9

487 | 牢屋

감옥

[カモㇰ]

火木に牢屋へ行く

面会日は、火曜日と木曜日と覚えましょう。牢屋はそんなに通うところではないですが。

こんぶPOINT

発音は「カモㇰ」で、「ク」はパッチムなので軽く発音され「カモッ」にも聞こえます。
漢字では「監獄」です。

例文

공주가 감옥에 갇혔어요.
コンジュガ カモゲ カチョッソヨ

→お姫様が牢屋に閉じ込められました。

488 | 6時

여섯 시

[ヨソッ シ]

よそよそしい6時

韓国の大学生は1対1の合コン、**소개팅**(ソゲティン：紹介(ソゲ)+meeting)をよくします。6時くらいによそよそしいカップルがいれば、ソゲティンかも!?

こんぶPOINT

正確な発音は「ヨソッシ」ですが、「よそよそしい」の途中の「ヨソシ」でも通じます。

例文

여섯 시에 카페에서 보자.
ヨソッ シエ カペエソ ポジャ

→6時にカフェで会おう。

音声は TRACK 10

わ行

日常生活

489 | Wi-Fi

와이파이

［ワイパイ］

Wi-Fiがわ〜いっぱい

韓国はWi-Fiがない所がないというくらい、どこでもつながります。日本より、「わ〜いっぱい！」なので便利です。

こんぶPOINT

正確な発音は「ワイパイ」です。

例文

와이파이 비밀번호가 뭐예요?
ワイパイ ピミルボノガ ムォエヨ

→ Wi-Fiのパスワードは何ですか？

わ 10

飲み物

490 | ワイン（ぶどう酒）

포도주

［ポドジュ］

ワインはポトジュース

ワインは、**와인**（ワイン）と発音が同じなので、ここでは「ぶどう酒」を覚えましょう。どちらもよく使います。

こんぶPOINT

ぶどう（417）から覚えると覚えやすいです。

例文

포도주에 빠졌어요.

ポトジュエ パジョッソヨ

→ぶどう酒にハマりました。

食べ物

491 | わかめ

미역

［ミヨㇰ］

このわかめを見よっ！

韓国人が日本のわかめスープを見て、韓国のわかめの量を見よ！といっています。韓国では誕生日や出産後には必ずわかめスープを食べます。汁よりわかめの量の方が多くて、本当に驚きます。

こんぶPOINT

「ㇰ」はパッチムなので、軽く発音され「ミヨッ」にも聞こえます。

例文

한국에서는 생일날에 미역국을 먹어요.

ハングゲソヌン センイルラレ ミヨㇰクグル モゴヨ

→韓国では誕生日にわかめスープを食べます。

便利フレーズ

492 | わかる

알아

［アラ］

あら、わかる！

今までわからなかったのに、「あら？　意外にわかる！」という瞬間ありませんか？

こんぶPOINT

丁寧に「わかります」というときは**알아요**（アラヨ）といいます。
基本形は**알다**（アルダ）です。**이해하다**（イヘハダ）「理解する」も「わかる」という意味で使えます。

例文

한국어 알아?
ハングゴ アラ

→韓国語わかる？

便利フレーズ

493 | わからない

몰라

［モㇽラ］

網羅(もうら)しなきゃわからない

わからないというのは全てを網羅していないからです。入門から上級まで全て網羅していれば、難しい問題も解けるかもしれません。

こんぶPOINT

基本形は**모르다**（モルダ）です。「ル」はパッチムなので、「モ」の後に舌を口の中の天井部分に当てます。
丁寧に「わかりません」というときは**몰라요**（モㇽラヨ）です。

例文

그거에 대해서는 잘 몰라.
クゴエ テヘソヌン チャㇽ モㇽラ

→それについてはよくわからない。

494 | 私（友達に使う）

나

［ナ］

私の名

名前は私を表すもの。友達や年下の人などに使う「私」です。日本語でいうなら「私」「僕」「オレ」というときに使います。

例文

나는 하나코야.
ナヌン ハナコヤ

→私は花子よ。

495 | 私（目上の人に使う）

저

［チョ］

わたくし、蝶でございますの

気取って「わたくし…」といっています。韓国語では目上の人に対しての一人称は**저**（チョ）を使います。私という意味の**나**（ナ）(494）と区別するために「わたくし」と表記しました。

例文

저는 하나코라고 합니다.
チョヌン ハナコラゴ ハムニダ

→私は花子といいます。

496 | 私たち

우리

[ウリ]

ウリ ふたつ
(우리)
ウリ

私たちはウリふたつ

韓国も北朝鮮ももとは同じ民族なのでウリふたつです。私たちというのは２人以外にも、３人でも４人でも大勢でも使えます。

こんぶPOINT

「私の家」は**우리 집**（ウリ チブ）、「私の父」は**우리 아버지**（ウリ アボジ）と、日本語で「私」でも、韓国語では**우리**（ウリ）を使うことがあります。

例文

우리 커피 마시러 갈래?
ウリ コピ マシロ カルレ

→私たちコーヒー飲みに行く？

497 | 私のもの

내 거

[ネ ッコ]

根っこは私のもの！

子供たちが「根っこは私のもの！」と取り合いをしています。韓国人はよく、根っこ根っこといいますが、根っこが好きだからではなく、私のものだといっているんです。

こんぶPOINT

ハングルでは**내 거**もしくは**내 것**と書きますが、実際の会話の発音では**내 꺼**（ネッコ）になります。

例文

이 돈은 내 거야.
イ トヌン ネ ッコヤ

→このお金は私のものだ。

498 | ワニ

악어

［アゴ］

ワニは顎（あご）

ワニの特徴といえば、顎です！あの顎で噛まれたらひとたまりもありません。

こんぶPOINT

漢字で「鰐魚」と書きます。

例文

악어가 사냥해요.
アゴガ サニャンヘヨ

→ワニが狩りをします。

499 | 笑う

웃어

［ウソ］

嘘で笑う

韓国人の笑いは嘘笑い？　ではなく、**웃어**（ウソ）が「笑う」という意味なんです。

こんぶPOINT

基本形は**웃다**（ウッタ）です。
丁寧に「笑います」というときは**웃어요**（ウソヨ）といいます。
「笑い」は**웃음**（ウスム）です。

例文

애기가 방긋방긋 웃어.
エギガ パングッパングッ ウソ

→赤ちゃんがニコニコ笑う。

500 | 笑わせる

웃기다

［ウッキダ］

ウッキーだと笑わせる

小さい子がお猿のマネをして、ウッキーだと笑わせています。

こんぶPOINT

発音は「ウッキーだ」と伸ばさず、「ウッキダ」といいます。
笑わせる以外にも「おもしろい」「笑える」「ウケる」という意味でも使います。

例文

사람들을 웃기다.
サラムドゥルル ウッキダ

→ 人々を笑わせる。

COLUMN

韓国語にもゴロ合わせがある

ゴロ合わせは日本語だけでなく、韓国語にもあります。街でよく見かけるのは「2424」という数字の書かれたトラックです。これは「引っ越し」の**이사**（イサ）と、数字の「24」**이사**（イサ）をひっかけたもので、引っ越し業者の電話番号です。ほかにも「8282」の発音は**팔이팔이**（パリパリ）ですが「早く早く」の**빨리빨리**（パルリパルリ）（384）にかけています。韓国語で「ゴロ」は、ゴロの例を挙げながら**연상법**（ヨンサンポァ）「連想法」といって説明をすれば伝わります。

ここまで、
おつかれさまでした！

여기까지 수고하셨습니다！

ヨギッカジ　スゴハショッスムニダ

イラストとゴロで覚える

基本の
ハングル

韓国語で使われている文字「ハングル」。
記号みたいで、難しそうだけど
形と組み合わせ、ルールを覚えていけば、
だんだん読めるようになってきます。
ここでは、基本のハングルをご紹介します。

ハングルとは？

한（ハン）は「偉大な」、글（グル）は「文字」という意味です。

さまざまな韓流ドラマや映画に登場する世宗（セジョン）大王が、漢字の読み書きができない国民のために、学者たちと作り上げた文字です。

ハングルはローマ字に似ています

ハングルは、子音と母音の組み合わせでできています。これは、ローマ字の仕組みに似ています。

たとえば「な」という音。ローマ字では、子音となる「n（な行）」と、母音となる「a（あ段）」を組み合わせて「na（な）」と表記しますね。

ハングルでも同じです。子音は「ㄴ（な行）」、母音は「ㅏ（あ段）」という文字を組み合わせて「나（な）」と表します。

ハングルには、主な母音と子音が 10 個ずつあります。これらの形と音を覚えてしまえば、ある程度ハングルが読めるようになります。

母音と子音、組み合わせ方の基本は４つ

それぞれの文字は、４つの組み合わせ方があります。この４つの組み合わせを次のページで説明します。

ハングルの組み合わせ

1. ヨコ並び

子音が「ㄴ（な行）」、母音が「ㅏ（あ段）」で「나（ナ）」です。

2. タテ並び

子音が「ㄴ（な行）」、母音が「ㅗ（お段）」で「노（ノ）」です。

3. ヨコ並び＋パッチム

子音が「ㄴ（な行）」、母音が「ㅏ（あ段）」、パッチムが「ㄴ（な行）」で「난（ナン）」です。

4. タテ並び＋パッチム

子音が「ㄴ（な行）」、母音が「ㅗ（お段）」、パッチムが「ㄴ（な行）」で「논（ノン）」です。

※パッチムとは…ハングルには「子音＋母音＋子音」となる文字があります。この２つ目の子音が「パッチム」です。

次ページからは、それぞれの「母音」「子音」を紹介していきます。

基本の

母音

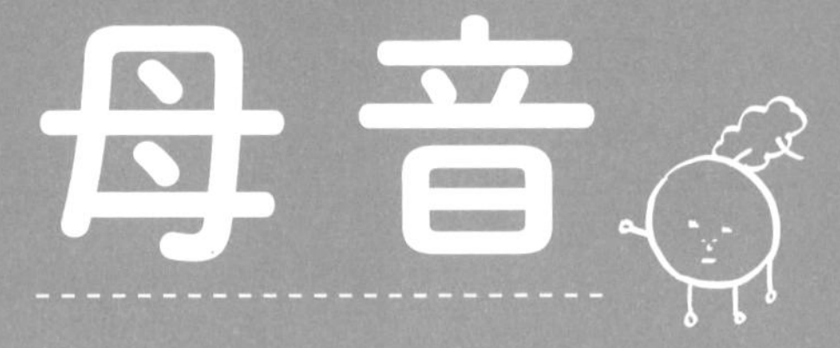

母音には２つの母音を合わせた「合成母音」もありますが、ここでは基本の母音10個を紹介します。

ㅏ a

「あ！　あっちに誰かいる！」と指を差しています。カタカナの「ト」のような形は「あ」です。

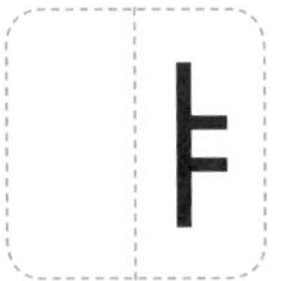

ㅑ ya

「あ！」と敵を見つけたら、両手で「や！」と突きをくらわして、やっつけてください。カタカナの「ト」のような形に棒が一本増えると「や」です。

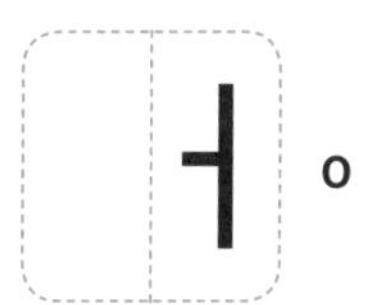

o

歯医者で奥歯が痛いとき、「ここです」と舌で指そうとすると「お…」という音でませんか？　これは、その「お」です。「あ」とも「お」とも聞こえる音です。

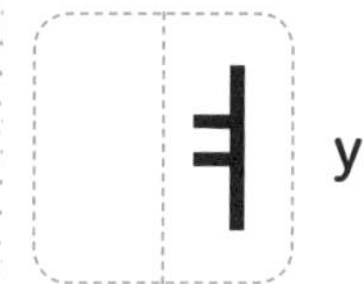

yo

歯医者に行ったのはラッパーでした。治療後、YoYoYoとお礼を伝えます。舌でその歯を触りながらダルそうにヨヨヨ〜という感じで発音します。「や」とも「よ」とも聞こえる音です。

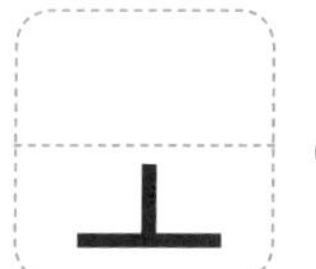

o

ツノが一本、上に生えているのは鬼の「お」です。鬼が出てきたら「お‼」とびっくりしますよね。びっくりしたように大きくはっきりと「お」といいます。

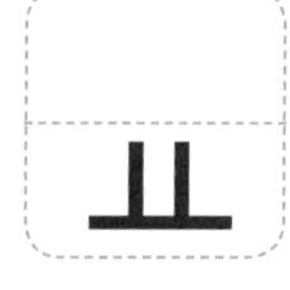

yo

ツノが二本、上に生えているのは妖怪の「よ」です。妖怪って本当にいるのでしょうか？　もし出会ったらその驚きを表すように、大きくはっきりと「よ」といいます。

u

Tバックをはいて「う〜！」とダンスです。リオのカーニバルのイメージです。Tバックの形を見たら、ノリノリで「う〜！」といいましょう。

yu

カーニバル後は、Tバックを脱ぎ捨て湯でゆったりと。温泉でふ〜と息を吐くように口をすぼませて「ゆ〜」といいます。

u

まっすぐな「ー」は海の水平線のようです。海の「う」です。目の前にこんな海が広がれば、思わず笑顔になりそうです。ニコッと笑いながら「う」といいます。

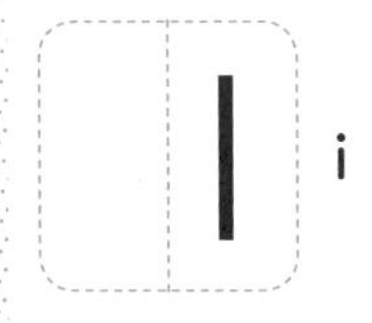

i

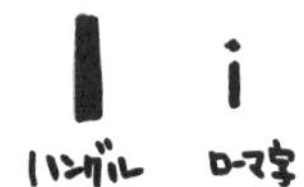

ローマ字の「i」に似ていますね。音も「い」です。使い方もローマ字の「i」と同じで、「mi」なら子音の「m＝ロ」と合わせて、「미」と書きます。

基本の

子音

ㄱ ㄴ ㄷ ㄹ ㅁ ㅂ ㅅ ㅇ ㅈ ㅎ

子音には「平音」「激音」「濃音」の３種類があります。ここでは基本の子音を紹介します。

ㄱ k/g

がけの g

がけ（崖）の「g」です。がけの位置は、右や下に書く母音によって少し変わります。１文字目に来ると「g」ではなく、「k」にも聞こえますが「g」のままでも間違いではありません。

ㄴ n

ノーズの n

ノーズの「n」です。高くて大きな鼻は日本人にはあまり見られないかも？だから、英語のノーズです。位置は鼻が人によって違うように、母音によって変わります。

t/d

だ（抱）いての「d」です。腕と足でしっかりと抱いてください。１文字目に来ると「d」ではなく「t」にも聞こえますが、「d」のままでも間違いではありません。

r

ラクダの「r」です。ラクダが砂漠で休んでいますね。英語のような難しい「r」ではありません。巻き舌にするのではなく、日本語と同じように楽ちんにラリルレロと発音します。

m

マスクの「m」です。風邪を引いたのでしょうか？　ハングルもマスクをしています。口にマスクをつけて、マミムメモです。

p/b

ビールの「b」です。コップにビールがそそがれて、ブクブク泡も出ています。一文字目に来ると「p」にも聞こえますが、「b」のままでも間違いではありません。

s

しりの「s」です。人のおしりの割れ目に見えますね。しりに見えたとしても、「シ～！」秘密ですよ。

無音
（母音だけを読む）

あなの「a」です。穴が開いているので、何も入っていません。つまり、音がありません。穴がある場合は、右や下の母音をそのまま読むだけです。

ch/j

スキージャンプの「j」です。カタカナの「ス」に見えたら、ジャンプです。一文字目に来ると「ch(チャ)」にも聞こえますが、「j(ジャ)」のままでも間違いではありません。

h

ひとみの「h」です。まつ毛と真ん丸ひとみがかわいいですね。ひとみちゃんのひとみにハッとして、興奮したように息を強く吐いて、ハッヒッフッヘッホッという感じです。

韓国語は１文字目に来たときに濁点が取れますが、実際には単語によって濁点が取れているようにも取れていないようにも聞こえます。ただ、濁点の有り無しは区別がつかないことも多いため、「間違いではありません」と表記しています。

ハングル一覧表

		基本母音									
		ㅏ a	ㅑ ya	ㅓ o	ㅕ yo	ㅗ o	ㅛ yo	ㅜ u	ㅠ yu	ㅡ u	ㅣ i
基本子音	ㄱ k/g	가 カ	갸 キャ	거 コ	겨 キョ	고 コ	교 キョ	구 ク	규 キュ	그 ク	기 キ
	ㄴ n	나 ナ	냐 ニャ	너 ノ	녀 ニョ	노 ノ	뇨 ニョ	누 ヌ	뉴 ニュ	느 ヌ	니 ニ
	ㄷ t/d	다 タ	댜 テャ	더 ト	뎌 テョ	도 ト	됴 テョ	두 トゥ	듀 テュ	드 トゥ	디 ティ
	ㄹ r	라 ラ	랴 リャ	러 ロ	려 リョ	로 ロ	료 リョ	루 ル	류 リュ	르 ル	리 リ
	ㅁ m	마 マ	먀 ミャ	머 モ	며 ミョ	모 モ	묘 ミョ	무 ム	뮤 ミュ	므 ム	미 ミ
	ㅂ p/b	바 パ	뱌 ピャ	버 ポ	벼 ピョ	보 ポ	뵤 ピョ	부 プ	뷰 ピュ	브 プ	비 ピ
	ㅅ s	사 サ	샤 シャ	서 ソ	셔 ショ	소 ソ	쇼 ショ	수 ス	슈 シュ	스 ス	시 シ
	ㅇ 無音	아 ア	야 ヤ	어 オ	여 ヨ	오 オ	요 ヨ	우 ウ	유 ユ	으 ウ	이 イ
	ㅈ ch/j	자 チャ	쟈 チャ	저 チョ	져 チョ	조 チョ	죠 チョ	주 チュ	쥬 チュ	즈 チュ	지 チ
	ㅎ h	하 ハ	햐 ヒャ	허 ホ	혀 ヒョ	호 ホ	효 ヒョ	후 フ	휴 ヒュ	흐 フ	히 ヒ
激音	ㅊ ch	차 チャ	챠 チャ	처 チョ	쳐 チョ	초 チョ	쵸 チョ	추 チュ	츄 チュ	츠 チュ	치 チ
	ㅋ kh	카 カ	캬 キャ	커 コ	켜 キョ	코 コ	쿄 キョ	쿠 ク	큐 キュ	크 ク	키 キ
	ㅌ th	타 タ	탸 テャ	터 ト	텨 テョ	토 ト	툐 テョ	투 トゥ	튜 テュ	트 トゥ	티 ティ
	ㅍ ph	파 パ	퍄 ピャ	퍼 ポ	펴 ピョ	포 ポ	표 ピョ	푸 プ	퓨 ピュ	프 プ	피 ピ
濃音	ㄲ kk	까 カ	꺄 キャ	꺼 コ	껴 キョ	꼬 コ	꾜 キョ	꾸 ク	뀨 キュ	끄 ク	끼 キ
	ㄸ tt	따 タ		떠 ト	뗘 テョ	또 ト		뚜 トゥ		뜨 トゥ	띠 ティ
	ㅃ pp	빠 パ	뺘 ピャ	뻐 ポ	뼈 ピョ	뽀 ポ	뾰 ピョ	뿌 プ	쀼 ピュ	쁘 プ	삐 ピ
	ㅆ ss	싸 サ		써 ソ		쏘 ソ	쑈 ショ	쑤 ス		쓰 ス	씨 シ
	ㅉ tch	짜 チャ	쨔 チャ	쩌 チョ	쪄 チョ	쪼 チョ		쭈 チュ	쮸 チュ	쯔 チュ	찌 チ

横軸の母音と、縦軸の子音の組み合わせで読める文字をまとめました。これを「反切表」といいます。ハングルが読めるように、カタカナで発音を表記しています。

複合母音

ㅐ e	ㅒ ye	ㅔ e	ㅖ ye	ㅘ wa	ㅙ we	ㅚ we	ㅝ wo	ㅞ we	ㅟ wi	ㅢ ui
개 ケ	걔 キェ	게 ケ	계 キェ	과 クァ	괘 クェ	괴 クェ	궈 クォ	궤 クェ	귀 クィ	긔 キ
내 ネ	냬 ニェ	네 ネ	녜 ニェ	놔 ヌァ	놰 ヌェ	뇌 ヌェ	눠 ヌォ	눼 ヌェ	뉘 ヌィ	늬 ニ
대 テ		데 テ	뎨 ティエ	돠 トァ	돼 トゥエ	되 トゥエ	둬 トゥオ	뒈 トゥエ	뒤 トゥィ	듸 トゥィ
래 レ		레 レ	례 リェ	롸 ルァ		뢰 ルェ	뤄 ルォ	뤠 ルェ	뤼 ルィ	
매 メ		메 メ	몌 ミェ	뫄 ムァ		뫼 ムェ	뭐 ムォ	뭬 ムェ	뮈 ムィ	
배 ペ	뱨 ピェ	베 ペ	볘 ピェ	봐 プァ	봬 プェ	뵈 プェ	붜 プォ	붸 プェ	뷔 プィ	
새 セ	섀 シェ	세 セ	셰 シェ	솨 スァ	쇄 スェ	쇠 スェ	숴 スォ	쉐 スェ	쉬 シュィ	
애 エ	얘 イェ	에 エ	예 イェ	와 ワ	왜 ウェ	외 ウェ	워 ウォ	웨 ウェ	위 ウィ	의 ウィ
재 チェ	쟤 チェ	제 チェ	졔 チェ	좌 チュァ	좨 チュエ	죄 チュエ	줘 チュォ	줴 チュエ	쥐 チュィ	
해 ヘ		헤 ヘ	혜 ヒェ	화 ファ	홰 フェ	회 フェ	훠 フォ	훼 フェ	휘 フィ	희 ヒ
채 チェ		체 チェ	쳬 チェ	촤 チュァ		최 チュエ	춰 チュォ	췌 チュエ	취 チュィ	
캐 ケ		케 ケ	켸 キェ	콰 クァ	쾌 クェ	쾨 クェ	쿼 クォ	퀘 クェ	퀴 クィ	
태 テ		테 テ	톄 ティエ	톼 トゥァ	퇘 トゥエ	퇴 トゥエ	퉈 トゥォ	퉤 トゥエ	튀 トゥィ	틔 トゥィ
패 ペ		페 ペ	폐 ピェ	퐈 プァ		푀 プェ	풔 プォ		퓌 プィ	
깨 ケ		께 ケ	꼐 キェ	꽈 クァ	꽤 クェ	꾀 クェ	꿔 クォ	꿰 クェ	뀌 クィ	
때 テ		떼 テ		똬 トゥァ	뙈 トェ	뙤 トェ	뚸 トォ	뛔 トェ	뛰 トゥィ	띄 ティ
빼 ペ		뻬 ペ				뾔 プェ				
쌔 セ		쎄 セ		쏴 スァ	쐐 スェ	쐬 スェ	쒀 スォ	쒜 スェ	쒸 シュィ	씌 シ
째 チェ		쩨 チェ		쫘 チュァ	쫴 チュエ	쬐 チュエ	쭤 チュォ		쮜 チュィ	

※空欄には、理論上文字は存在しますが、実際には使われません。

まとめ

この本を使って会話をしてみましょう

- 今から韓国語を言います。わかるかどうか聞いてください。

지금부터 한국어를 말할게요.
이해할 수 있는지 들어 보세요.
チグㇺブト　ハングゴルㇽ　マラㇽケヨ／イヘハㇽ　ス　インヌンジ　トゥロ　ボセヨ

- 私が言った韓国語、聞き取れましたか（わかりましたか）?

제가 말한 한국어 알아들을 수 있었어요?
チェガ　マラン　ハングゴ　アラドゥルㇽ　ス　イッソッソヨ

- 聞き取れました（わかりました）。

알아들을 수 있었어요.
アラドゥルㇽ　ス　イッソッソヨ

- 聞き取れませんでした（わかりませんでした）。

알아들을 수 없었어요.
アラドゥルㇽ　ス　オㇷ゚ソッソヨ

- 少し聞き取れました（少しわかりました）。

조금 알아들을 수 있었어요.
チョグㇺ　アラドゥルㇽ　ス　イッソッソヨ

- どこがわかりませんでしたか?

어느 부분을 알아들을 수 없었어요?
オヌ　プブヌㇽ　アラドゥルㇽ　ス　オプソッソヨ

- 正しい発音を教えてください。

올바른 발음을 가르쳐 주세요.
オㇽバルン　パルムㇽ　カルチョ　ジュセヨ

- パッチムの発音が難しいです。

받침 발음이 어려워요.
パッチㇺ　パルミ　オリョウォヨ

● パッチムの発音を教えてください。

받침 발음을 가르쳐 주세요.

パッチム　パルムル　カルチョ　ジュセヨ

● ゆっくり言ってください。

천천히 말해 주세요.

チョンチョニ　マレ　ジュセヨ

● もう一回言ってください。

다시 한 번 말해 주세요.

タシ　ハン　ボン　マレ　ジュセヨ

● 対義語（反対語）は何ですか?

반대말은 뭐예요?

パンデマルン　ムォエヨ

● 似た言葉を教えてください。

비슷한 말을 가르쳐 주세요.

ピスタン　マルル　カルチョ　ジュセヨ

● 会話でよく使う言葉ですか?

회화에서 많이 쓰는 말이에요?

フェファエソ　マニ　スヌン　マリエヨ

● 実生活ではどう言うんですか?

실생활에서는 어떻게 말하나요?

シルセンファレソヌン　オットケ　マラナヨ

● 敬語ではどう言いますか?

존댓말로는 어떻게 말해요?

チョンデンマルロヌン　オットケ　マレヨ

● ため口ではどう言いますか?

반말로는 어떻게 말해요?

パンマルロヌン　オットケ　マレヨ

● 私の韓国語どうですか?

제 한국어 어때요?

チェ　ハングゴ　オッテヨ

おわりに

맺음말［メジュㇺマㇽ］

こんぶパンのゴロで韓国語をどれだけ覚えられたでしょうか？

言葉って覚えるのも大変ですが、覚えた後も大変です。

覚えても使うことができなければ、どんどん忘れてしまい、また覚えても使えなくて……。その繰り返しでなかなか進歩せず、ため息が……となってしまいますよね。

言葉は「覚える」以上に、「使う」方が難しいのかも知れません。

本書は、もちろん韓国語を覚えるための本ですが、覚えることだけが目的になってしまわないよう「使う」きっかけとしても役立つ本になることを目指しました。

ゴロは、言葉遊び。気軽な気持ちで相手とのコミュニケーションに使ってください。

「“また会いましょう”は、韓国語では“ト マンナヨ”ですが、日本語ではこんな意味になるんですよ！」なんて、この本で韓国人に通じるかどうか試してみてください！

正しい発音でなくても、意外に通じるものです。

そして、通じなくても大丈夫。通じるように教えてもらえばよいのです。コミュニケーションは一人でするものではなく、必ず相手がいます。韓国人はけっこうやさしいですよ！　相手のわかってくれようとする気持ちにも甘えちゃいましょう！

コミュニケーションの楽しみは、通じないことにもあると思います。言葉は自信をつけてから使うのではなく、使っていくうちに正解に近づけていけばいいのではないでしょうか？

この本が韓国語を覚えるだけでなく、韓国人と仲良くコミュニケーションがとれるきっかけになればとっても嬉しいです。

そして、この本にない単語は、ぜひあなたの考えたオリジナルのゴロで覚えてみてください。

いつか、みなさんとゴロ発表会もしてみたいですね。

それではみなさま、**또 만나요！**　ト マンナヨ！

2020年3月　こんぶパン

こんぶパン

ゴロエッセイスト。韓国外国語大学韓国学科博士課程修了。高麗大学北朝鮮学科博士課程在籍中。韓国語能力試験6級（最上級）。韓国在住15年。

2002年、書店に１冊だけあった韓国語の本を片手に韓国留学。韓国の大学院に進学し、勉強の傍ら、ゴロを使って短期間で語学マスターできる「こんぶパンメソッド」を編み出す。韓流全盛期、４つの韓国の芸能事務所で短期間の会話養成を売りに日本語を教える。2014年昌信大学助教授、2015年釜山外国語大学助教授を経て退職。2017年ゴロで簡単に韓国語を覚えられるサイト「こんぶパン（https://konbupan.com)」を立ち上げる。「こんぶパン国際交流クラブ」を主宰し、ゴロで覚える韓国語講座や、オンライン韓国語・日本語会話の個人コーチをしている。趣味はテコンドーで４段。テコンドー３段ヘルニア持ちの韓国人夫を尻に敷いている。

Instagram @konbupan

イラストとゴロで覚える韓国語

2020年３月14日　初版発行
2022年２月25日　６版発行

著者・イラスト／こんぶパン

発行者／青柳 昌行

発行／株式会社KADOKAWA
〒102-8177　東京都千代田区富士見2-13-3
電話 0570-002-301(ナビダイヤル)

印刷所／株式会社加藤文明社印刷所

●お問い合わせ
https://www.kadokawa.co.jp/（「お問い合わせ」へお進みください）
※内容によっては、お答えできない場合があります。
※サポートは日本国内のみとさせていただきます。
※Japanese text only

定価はカバーに表示してあります。

ISBN 978-4-04-604219-4　C2087